감으로만
일하던
김 팀장은
어떻게
데이터 좀 아는
팀장이
되었나

감으로만 일하던 김 팀장은 어떻게 데이터 좀 아는 팀장이 되었나

초판 1쇄 발행 2021년 8월 16일
초판 4쇄 발행 2024년 2월 2일

지은이 황보현우, 김철수

펴낸이 조기흠
총괄 이수동 / **책임편집** 임지선 / **기획편집** 박의성, 최진, 유지윤, 이지은, 김혜성, 박소현, 전세정
마케팅 박태규, 홍태형, 임은희, 김예인, 김선영 / **표지디자인** 어나더페이퍼 / **제작** 박성우, 김정우

펴낸곳 한빛비즈(주) / **주소** 서울시 서대문구 연희로2길 62 4층
전화 02-325-5506 / **팩스** 02-326-1566
등록 2008년 1월 14일 제25100-2017-000062호

979-11-5784-522-4 03320

이 책에 대한 의견이나 오탈자 및 잘못된 내용에 대한 수정 정보는 한빛비즈의 홈페이지나
이메일(hanbitbiz@hanbit.co.kr)로 알려주십시오. 잘못된 책은 구입하신 서점에서 교환해드립니다.
책값은 뒤표지에 표시되어 있습니다.

⌂ hanbitbiz.com f facebook.com/hanbitbiz N post.naver.com/hanbit_biz
▶ youtube.com/한빛비즈 ⊙ instagram.com/hanbitbiz

지금 하지 않으면 할 수 없는 일이 있습니다.
책으로 펴내고 싶은 아이디어나 원고를 메일(hanbitbiz@hanbit.co.kr)로 보내주세요.
한빛비즈는 여러분의 소중한 경험과 지식을 기다리고 있습니다.

감으로만 일하던
김 팀장은
어떻게
데이터 좀 아는
팀장이
되었나

비전공자를 위한
데이터 분석 속성 스쿨

황보현우 · 김철수 · 지음

HB 한빛비즈
Hanbit Biz, Inc.

비전문가를 위한 데이터 분석 입문서

빅데이터와 인공지능 시대가 도래하면서 데이터 분석은 모든 직장인의 고민거리인 동시에 필수적인 과제가 되었습니다. 그런데 어찌하면 좋을까요? "나는 데이터 분석을 배운 적도 없고, 가르쳐줄 사람도 없는데⋯."

그간 통계라고 하면 머리가 지끈지끈 아픈 수학의 일부분이었고, 코딩이라고 하면 IT 부서의 개발자에게나 해당되는 일이었습니다. 그런데 어느새인가 데이터 분석이 모든 직장인에게 떨어진 숙제가 되었고, 직접 풀어야 하는 문제가 되었습니다.

이러한 상황에 대해 빅데이터 붐을 일으킨 슈퍼컴퓨터나 인터넷을 탓할 수도 없고, 인공지능 트렌드를 이끈 알파고에 핑계를 돌릴 수도 없습니다. 우리는 어떻게든 이 문제를 극복해야 합니다. 내가 직장에서 생존하고, 경쟁에서 이기기 위해서 반드시 넘어야 할 것이 바로 데이터 분석입니다.

이 책은 그간 데이터 분석과 관련이 없었던, 하지만 이제는 데이터 분석을 해야만 하는 모든 직장인을 위한 책입니다. 데이터 분석은 이제 더이상 통계학자나 프로그래머, 컨설턴트의 전유물이 아닙니다. 데이터 분석은 현업에 대한 전문적인 지식만 있으면 누구든 할 수 있습니다.

하지만 우리에게 데이터 분석은 너무나도 어렵게 느껴집니다. 이는 그간 교과서가 데이터 분석을 이론 중심으로 어렵게 서술해왔고, 현장의 문제를 도외시했기 때문입니다. 또한 많은 교재가 데이터 분석 전공자나 전업 분석가를 대상으로 하기 때문이기도 합니다. 데이터 분석을 어렵고 복잡하게 표현한 이유는 어쩌면 전문가의 기득권 보호 때문일지도 모릅니다.

저희는 '왜 보통 직장인을 위한 데이터 분석 책이 없을까?' 라는 의문에서 논의를 시작했습니다. 해외의 비전문가 대상 도서를 참고하면서 많은 영감을 얻었습니다. 또한 오랜 기간 현업에서 진행했던 프로젝트에서 스토리라인을 빌려왔습니다.

이 책에는 ABC전자에 근무하는 김 팀장과 이를 돕는 황보 교수가 등장합니다. 저희는 독자가 데이터 분석을 더 쉽게 이해할 수 있도록 현업에서 실제로 생기는 문제를 해결하는 방식으로 책을 썼습니다. 어떤 일은 저희가 실제로 겪은 것이고, 어떤 일은 주변에서 보거나 들었던 것입니다. 이 책을 읽는 동안 독자는 김 팀장이 바로 자기 자신이거나, 직장 선배이거나 후배, 또는 미래의 나 자신이 될 수 있다고 느끼실 겁니다.

저희는 데이터 분석이 먼발치에 있는 것이 아니라 바로 내가 할 수 있는 한달음의 거리에 있음을 알리고 싶습니다. 데이터 분석에서 중요한 것은 프로그래밍이나 알고리즘, 소프트웨어가 아니라, 현상을 현실에 맞게 해석하고 의사결정에 반영하는 일임을 들려주고 싶습니다. 현업에 있는 사람이 간단한 도움만으로 데이터 분석을 하고, 결과를 활용할 수 있음을 보여드리고 싶습니다. 그리고 무엇보다 데이터 분석에 대한 자신감을 불어넣고 싶습니다.

이 책에 등장하는 김 팀장과 박 대리가 바로 여러분이 되기를 간절히 소망합니다.

이 책의 구성은 다음과 같습니다.

1부 [기본] 편에서는 데이터의 문외한인 중간관리자 김 팀장이 데이터 분석에 입문하는 과정을 그리고 있습니다. 이를 통해 데이터 분석의 기본 개념을 파악하고 분석 결과를 해석해나가는 과정을 배울 수 있습니다.

2부 〔심화〕 편에서는 김 팀장이 회사 내 인사총무팀, 해외영업본부, 비서실, 회원관리팀 등 여러 부서의 데이터 문제를 해결하면서 데이터 분석 방법론을 배우는 과정을 담았습니다. 로지스틱 회귀, 의사결정나무, k-평균 군집 분석, 주성분 분석 등 다양한 분석 방법론을 통해 현장에서 어떠한 문제를 해결할 수 있는지, 데이터 분석 시에 어떤 이슈에 주의를 기울여야 하는지를 익힐 수 있습니다.

3부 〔응용〕 편에서는 데이터 분석의 응용 분야를 다룹니다. 추천 시스템, 소셜 네트워크 분석, 최적화 등 다양한 데이터 마이닝 기법을 활용하여 비즈니스를 혁신하고, 조직의 성과를 개선하는 방법을 배웁니다.

4부 〔Q&A〕 편에서는 많은 사람들이 빅데이터, 인공지능에 관해 궁금해하는 사항을 담았습니다. 채용, 보수, 재테크, 소프트웨어, 설문지 구성 등 데이터 분석과 관련하여, 현장에서 많이 궁금해하지만 쉽게 물어볼 수 없는 문제들에 관해 답했습니다.

이 책을 쓸 수 있게 지식과 경험과 도전과 통찰을 주신 분들이 많습니다. 코오롱베니트가 데이터 분석의 선두주자로 발돋움하도록 투자와 지원을 아끼지 않으신 이진용 대표님, 손선익 전무님, 한현 상무님께 감사드립니다. 또한 저자들에게 진심 어린 조언으로 세상을 보는 통찰력과 넓은 시야를 갖게 해주신 조영천 대표님, 이호선 대표님, 김성수 대표님, 이상익 상무님께 감사드립니다.

저희를 믿고 컨설팅과 데이터 분석 프로젝트를 맡겨주신 코오롱 그룹의 계열사와 고객사에도 감사를 표합니다. 특히 MOD의 장재혁 대표님께 더욱 깊은 고마움을 표합니다.

스승이신 연세대학교 정보대학원의 이준기 교수님께 감사드립니다. 교수님의 가르침이 없었다면 데이터 분석 전문가라는 타이틀을 가진 제자도 탄생하지 못했을 겁니다.

더불어 이 책의 출간을 흔쾌히 결정한 임지선 과장님을 비롯한 한빛비즈 관계자들께 감사드립니다. 데이터 분석을 전문가의 영역에서 보통 직장인의 교양으로 확대하는 일에 동참해주셨습니다.

마지막으로 언제나 성원을 아끼지 않는 가족들과 부모님께 아낌없는 사랑을 표합니다.

황보현우, 김철수

2 ADVANCED
심화 | 다른 부서의 데이터 문제를 해결하다

3 APPLICATIONS
응용 | 데이터로 비즈니스를 혁신하다

4 Q&A
질문과 답 | 팀장들의 궁금증을 풀어주다

1 BASIC

기본 | 김 팀장, 데이터 분석으로 첫 보고 하다

예측과 추론

김 팀장, 예측이 아니라 추론을 해야죠!

김 팀장은 ABC전자 서울남부영업본부 1팀장이다. 그는 강남역 사거리의 신규 대리점 오픈 업무를 총괄하고 있다. 어느 날 직속 상사인 이 본부장이 김 팀장을 불러 말했다.

"김 팀장, 이번에 새로 오픈하는 대리점의 올해 매출을 데이터 기반으로 예측해서 보고하세요."

김 팀장은 이 본부장이 '데이터 기반으로 예측'하라고 한 말이 살짝 마음에 걸렸다. 하지만 으레 하던 방식으로 주변 매장의 매출, 본사에서 할당한 매출 목표, 영업사원의 의견, 소요 경비 등을 고려해서 적당한 매출을 잡았다.

김 팀장은 본부장실로 가서 자신 있게 보고했다. 그런데 보고가 끝나기도 전에 본부장이 벌컥 화를 냈다.

"이 봐요, 김 팀장. 이게 대체 뭡니까? 내가 보고하라고 한 것은 예상 매출이나 목표 매출이 아닙니다. 데이터 기반으로 예측해서 보고하라고 했잖아요."

"…."

김 팀장은 머리가 복잡해졌다. 매출을 예측하라고 해서 추정 매출을 보고했는데, 지금 본부장이 무슨 말을 하는 거지? 김 팀장이 어리둥절해 있는 사이 본부장이 화를 억누르며 말했다.

"김 팀장. 역지사지로 생각해보세요. 제가 김 팀장에게 듣고 싶은 게 뭐겠어요? 저랑 김 팀장의 역할은 매출을 늘리는 겁니다. 그렇죠?"

"네…."

"그러면 매출에 영향을 미치는 요인이 무엇인지부터 파악해야겠죠? 매장 크기가 매출에 얼마나 영향을 미치는지, 직원 수가 매출과 관련이 있는지, 유동인구가 10% 늘면 매출은 얼마나 증가하는지, 그런 걸 알아야겠죠? 그래야 매출을 향상시킬 방안을 찾을 수 있잖아요. 제가 원한 건 바로 이런 거예요. 데이터를 기반으로 매출에 영향을 미치는 요인을 찾아야 앞으로 어떤 영업 전략을 수립할지 결정할 수 있잖아요. 단순히 올해 매출이 얼마나 될지 맞히는 것이 중요한 게 아니라고요. 다시 해서 다음 주 본부 팀장 회의에서 보고하세요."

김 팀장은 풀이 죽은 채로 본부장실을 나왔다. 김 팀장은 매출을 예측해 오라기에 그대로 추정해서 가져간 것뿐이다. 그런데 본부장은 뜬금없이 매출을 올릴 방안을 데이터 기반으로 알아 오라지 않는가! 김 팀장은 헷갈렸다. 도대체 내가 뭘 잘못한 거지? 김 팀장은 하도 답답해서 예전에 같은 회사에서 일했던 황보 교수를 찾아갔다. 그는 지금은 데이터 분석을 전문으로 가르치고 있다.

황보 교수, 솔직하게 내가 잘못했어요, 본부장이 잘못했어요?
나는 본부장이 매출을 예측하라고 해서 우리가 원래 하던 방식대로
보고한 죄밖에 없는 거 아닌가요?

김 팀장, 원래 윗분 말씀은 곧이곧대로 들으면 안 돼요. 어제 회식을 밤 12시 넘어서까지 하다가 상사가 내일 늦게 출근하라 했다 해서 정말 늦게 출근하면 안 되죠. 윗분 말씀은 항상 그 속내를 잘 파악해야 합니다. 본부장은 '예측'이 아니라 '추론'을 해서 보고하라는 뜻인 것 같아요. 그런데 김 팀장은 예측과 추론을 구분하지 못했네요.

네? 예측과 추론이요? 두 가지가 그렇게 다른 말인가요?

일반적으로 데이터를 분석하는 목적은 두 가지입니다. 예측과 추론이죠. 예측Prediction은 결과를 맞히는 것이고, 추론Inference은 원인과 결과 사이의 관계를 분석하는 것이죠.

그렇다면 본부장이 잘못한 게 맞네요.

예측하라고 해서 예측했더니 추론 안 했다고 화낸 거군요.

그런데 추론의 결과가 예측이고, 예측 과정이 추론 아닌가요?

결국 같은 것으로 보이는데요.

그렇게 볼 수도 있죠. 예측을 해도 원인과 결과 사이의 관계를 보니까요. 하지만 예측에서는 관계보다 결과를 정확하게 맞히는 것이 더 중요해요. 추론을 해도 결과를 도출하기는 하지만, 추론에서는 원인과 결과 간 관계에 더 초점을 두죠.

본부장이 매출을 예측하라고 했지만, 회사에서 매출을 맞혀서 뭘 할 수 있을까요? 만약 신규 매장을 '열지 말지'를 결정해야 한다면 예측이 더 중요할 수 있어요. 그런데 이미 강남역 사거리에 신규 매장을 열기로 결정했잖아요. 이제 중요한 것은 매출을 맞히는 것이 아니라 매출을 높이는 것이겠죠.

매출에 영향을 주는 요인은 무엇일까요? 매장 크기, 점주 역량, 직원 친절도, 직원 수, 유동인구, 제품 종류, 입구 위치 등 여러 가지가 있어요. 그중에서 영향을 크게 미치는 요인이 어떤 것인지를 알면 좋겠죠. 그래야 매출을 높이는 전략을 수립할 수 있을 테니까요. 어떤 요인이 매출에 얼마나 기여하는지를 수치로 나타낼 수 있으면 더 좋겠죠. 그러면 어떤 요인에 얼마나 투자해야 하는지 합리적으로 의사결정할 수 있을 테니까요.

그러니까 본부장은 예상 매출이 아니라, 매출을 높이는 요인이 무엇인지 분석해서 그 방안을 보고하라고 한 것입니다. 그걸 '데이터 기반으로 예측'하라고 한 것인데, 결국 '추론'을 하라는 뜻인 거죠.

혹시 본부장이 예측과 추론을 구별 못하는 건 아닐까요?

본부장이 예측과 추론을 구별 못한 것인지는 판단하기 어렵습니다. 사실 기업 본부장쯤 되면 예측과 추론을 구별할 필요도 없죠. 본부장이 어떻게 지시하든 본부장의 의중을 잘 파악해서 보고하는 직원이 있을 테니까요. 예를 들어 일 잘하는 사람이라면 팀장이 예측하라고 지시해도 추론해서 보고하겠죠. 보통 수준으로 일하는 사람이라면 예측해서 보고할 테고요. 일을 못하는 사람이라면 말 그대로의 예측도 못하겠죠. 인정받고 승진을 잘하는 사람은 누구겠어요?

그러면 본부장이 어떻게 지시하든 무조건 추론해서
보고하는 것이 좋겠네요?

반드시 그렇지만은 않아요. 어떤 경우에는 예측으로 접근하고 어떤 경우에는 추론으로 접근해야 합니다. 즉 분석의 목적이 무엇인지 파

예측
오차를 최소화하는 것을 목적으로 함

추론
$X_1, X_2, \cdots, X_p$의 변화에 따른 Y의 변화를
이해하는 데 관심이 있음

예측은 정확한 결괏값을, 추론은 원인과 결과 간 관계를
분석하는 것을 목적으로 한다.

악하고 그에 맞게 접근해야 하죠. 이 점이 데이터 분석에서 가장 중요
해요. 세부적인 방법론을 알거나 분석 프로그래밍 언어를 코딩하는
능력보다도요.

데이터 분석의 목적을 먼저 파악해야 한다는 말씀이네요.
그런데 감이 잘 안 와요.

예를 들어 주차장 입구에 설치된 차량번호 인식 시스템을 생각해보죠. 이 시스템에서 중요한 것은 차량번호를 정확하게 인식하는 겁니다. 어떤 과정과 절차를 거쳐서 차량번호를 인식했는지는 사실 중요하지 않아요. 이런 시스템처럼 결과를 정확하게 인식하는 것을 우리는 예측이라고 합니다.

사람이 손으로 쓴 숫자를 인식하는 것도 마찬가지예요. 사람이 어떤 의도로 숫자를 썼는지 어떤 방식으로 썼는지는 중요하지 않아요. 그 숫자를 '정확하게 인식하는 것'이 중요하다면 예측의 문제인 거죠.

완전히 다른 상황을 생각해봅시다. 저는 봄철만 되면 비염으로 고생하는데요. 비염이 꽃가루 때문인지 미세먼지 때문인지 아니면 환절기의 온도 변화 때문인지 원인을 알고 싶어요. 이렇게 결과와 원인 사이의 관계를 파악하기 위해 분석하는 것을 추론이라고 합니다. 제 비염에 영향을 미치는 원인이 무엇인지 알면 저는 그 원인을 없애려고 노력하겠죠. 비염의 원인이 미세먼지라면 공기청정기를 사용하거나 마스크를 쓰는 식으로요.

예측과 추론이 비슷한 줄 알았는데 굉장히 큰 차이가 있군요.

예를 하나 더 들어보죠. 우산을 든 사람 사진을 보고 '우산을 든 사람의 성별이 무엇인가?'를 맞히는 것은 예측입니다. 그런데 사진 속 사람이 '왜 우산을 들고 있는가?'를 맞히는 것, 즉 비를 피하기 위해서인지 아니면 햇볕을 피하기 위해서인지를 분석하는 것은 추론입니다.

예측은 사물을 정확하게 인식하는 것에 목적이 있다.
사물을 왜 이렇게 인식했는지에 대해서는 별로 관심이 없다.

───────

분석의 목적이 예측인지 추론인지에 따라 접근이 완전히 달라집니다.

예측과 추론의 차이는 이제 이해했어요.
그런데 추론이라는 건 어찌 보면 상식이나 전문가의 감, 노하우 등과
비슷하지 않나요?

추론도 두 가지로 나눌 수 있어요. 직관에 의한 추론과 데이터 분석에 근거한 추론으로요. 직관에 의한 추론을 상식이나 감이라고 얘기할 수 있습니다. 예를 들어 유동인구가 많은 지역은 임대료가 높을 겁니다. 명동이나 강남역의 임대료를 지방 소도시의 임대료와 비교하면 금방 알 수 있죠. 또한 유동인구가 많으면 그 지역 매장의 매출도 높을 겁니다. 하지만 모두 그런 것은 아닙니다. 최고급 호텔 쇼핑 아케이드는 오가는 사람이 별로 없어도 웬만한 상권보다 임대료가 높습니다. 유동인구는 적지만 지나가는 사람의 소비액이 크기 때문에 임대료가 높아요. 상식이나 감이 맞을 확률이 높긴 하지만 틀린 경우도 있는 거예요.

여기서 더 나아가보죠. 유동인구가 10% 늘면 임대료는 얼마나 오를까요? 매출액은 몇 % 증가할까요? 상식이나 감으로는 이 질문에 정확하게 답할 수 없어요. 직관에 의한 추론만으로는 비즈니스를 합리적으로 추진할 수가 없습니다.

그래서 데이터 분석에 근거한 추론이 필요하군요?

그렇죠. 데이터 분석은 유동인구가 늘면 임대료와 매출이 어떻게 얼마나 오르는지 구체적인 값을 제시할 수 있어요. 예를 들어 유동인구가 10% 늘면 임대료가 5% 늘고, 매출액은 13.5% 증가한다고 말할 수 있죠. 데이터 분석에 근거하여 추론하면 비즈니스 현장에서 더욱 합리적이고 현명한 의사결정을 할 수 있습니다. 본부장이 요구한 것도 바로 이것이죠.

아하, 그렇군요. 예측과 추론, 이제 정확히 이해했습니다.
그러면 저는 이제 그만 돌아가서 팀원에게 데이터 분석에 근거한
추론을 하라고 지시해보겠습니다.

세 줄 정리

- 예측은 결과를 맞히는 게임이고, 추론은 원인과 결과 간 관계를 파악하는 게임이다. 많은 상사가 예측과 추론을 구분하지 않고 업무를 지시하지만, 우리는 상사의 지시가 예측인지 추론인지를 파악해야 한다.

- 추론은 직관에 의한 추론과 데이터 분석에 근거한 추론으로 나뉜다. 직관에 의한 추론은 방향이나 현상을 대략적으로 설명할 수 있다. 데이터 분석에 근거한 추론은 그러한 방향의 기울기나 현상의 변화 정도를 구체적인 값으로 제시할 수 있다.

- 비즈니스에서 합리적인 의사결정을 하려면 데이터 분석에 근거한 추론을 해야 한다.

김 팀장은 팀원인 최 주임과 경영기획팀 박 대리를 불렀다. 박 대리는

전반적인 기획 업무를 하는데, 대학에서 통계학을 전공한 터라 다른 팀의 데이터 분석을 도와주고 있었다.

"박 대리님, 반가워요. 내가 도움을 좀 요청하려고 합니다. 이번에 우리 팀이 강남역에 새로 매장을 오픈해요. 이 매장의 매출을 데이터 분석에 근거해서 추론하려는데, 어떤 요인이 매출에 영향을 미치는지 알아보고 싶어요. 우리 팀 최 주임과 협조해서 데이터 분석 결과를 간단한 보고서로 만들어주세요. 다음 주에 본부장님께 보고할 겁니다."

박 대리는 깜짝 놀랐다. 학교에서 통계학을 전공하고 회사에서 기획 일을 하고 있지만, 그간 데이터 분석에 관심이 있는 팀장은 본 적 없었다. 게다가 데이터 분석에 근거해 추론을 하라고 명확하게 지시하는 팀장이라니? 박 대리는 어쩌면 통계학을 전공한 자신이 좀 더 가치를 인정받을 기회가 아닐까 싶어, 열심히 해야겠다고 마음먹었다.

최 주임은 다소 얼떨떨했다. '평소 감과 노하우, 경험과 연륜을 강조하던 김 팀장이 갑자기 데이터로 의사결정을 하라니? 게다가 데이터 분석 보고서는 나보고 쓰라고?' 최 주임은 괜한 일을 맡았다 싶으면서도 요즘 데이터 분석이 업무의 기본이라는 얘기를 많이 들었던 터라 이번 기회에 데이터 분석을 공부해보는 것도 괜찮겠다는 생각이 들었다.

박 대리와 최 주임이 깜짝 놀란 표정을 지으면서도 고개를 끄덕이는 것을 본 김 팀장은 왠지 모르게 으쓱해졌다. 역시 팀장이란 팀원에게 제대로 업무를 지시할 때 권위가 서는 법이라는 생각이 들었다.

2

선형 회귀

데이터 분석 결과에서
대체 뭘 보라는 겁니까?

며칠 뒤 김 팀장은 복도에서 우연히 박 대리를 만났다. 그때 마침 며칠 전에 박 대리에게 요청한 데이터 분석 업무가 생각났다.

"박 대리님, 지난번에 제가 요청한 데이터 분석은 잘되고 있나요? 결과가 어떻게 나왔는지 궁금하네요. 잠깐 볼 수 있나요?"

"네, 팀장님. 현재 데이터 분석은 완료했습니다. 제 자리에서 잠깐 보여드릴게요."

김 팀장은 박 대리 자리로 갔다. 마침 최 주임도 같이 있었다. 박 대리는 컴퓨터로 어떤 프로그램을 실행하더니 이상한 표를 보여줬다.

기본 | 김 팀장, 데이터 분석으로 첫 보고 하다

Analysis of Variance					
Source	DF	Sum of Squares	Mean Square	F Value	Pr > F
Model	3	4860.32349	1620.10783	570.27	<.0001
Error	196	556.82526	2.84095		
Corrected Total	199	5417.14875			

Root MSE	1.68551	R-Square	0.6472
Dependent Mean	14.02250	Adj R-Sq	0.6456
Coeff Var	12.02004		

Parameter Estimates					
Variable	DF	Parameter Estimate	Standard Error	t Value	Pr > |t|
Intercept	1	2.93889	0.31191	9.42	<.0001
Store Size	1	2.40576	0.00139	32.81	<.0001
Staff	1	0.50153	0.00861	21.89	<.0001
Parking Lot	1	−0.00104	0.00587	−0.18	0.6399

"팀장님, 여기 분석 결과를 보시면 모델의 자유도는 3이고, Sum of Squares는 4860입니다. F Value는 570.27이고, p-value는 0.0001보다 작아서 분석 결과가 유의하게 나왔습니다. Root MSE 는 1.685이고요, 결정계수는 0.6472로⋯."

김 팀장은 갑자기 숨이 턱 막혔다. 지금 박 대리가 무슨 소리를 하는 거지? 무슨 값이 뭘 어쨌다고? 김 팀장은 박 대리가 하는 말을 하나도 이해할 수 없었다.

김 팀장은 바로 옆에서 같이 듣던 최 주임을 살짝 훔쳐봤다. 그는 잘 이해한다는 듯이 고개를 끄덕이고 있었다. 김 팀장은 자존심이 상했지만 자신의 무지를 티 내고 싶지 않았다. 그래서 이럴 때 종종 사용하던 기술을 썼다.

"박 대리님, 잠깐만요. 지금 내가 고객과 선약이 있는 걸 깜빡했네요. 제가 지금 바로 나가봐야 하거든요. 일단 수고했어요. 아주 잘 나왔네요. 결과는 최 주임한테 넘기고, 최 주임이 정리해서 모레까지 보고서 올리세요. 아, 나도 결과를 확인해야 하니 지금 이 화면을 출력해서 줄래요?"

김 팀장은 박 대리가 출력한 종이를 받자마자 선약했다는 고객 대신 황보 교수에게 달려갔다.

황보 교수, 나 좀 도와줘요.

우리 본부 경영기획팀에 박 대리라고 통계학을 전공한 친구가 있어요.

그 친구한테 강남역 신규 매장 매출 분석을 해달라고 했더니

결과랍시고 이런 걸 보여줬어요. 아니 이 표랑 값이랑 대체 다 뭐예요?

이걸 내가 하나하나 다 이해해야 하는 거예요?

김 팀장, 이제 데이터 과학의 세계로 들어오셨군요. 환영합니다. 하하하. 처음이니까 용어도 생소하고 표도 복잡하고, 값이 뭘 의미하는지 모르는 게 당연합니다. 사실 이 표의 내용을 김 팀장이 다 읽을 수도 없고 이해할 필요도 없어요. 이제부터 제가 중요한 것 네 가지만 알려드릴 테니 이것만 기억하세요.

이 표에서 중요한 것은 모형의 유의확률p-value, 결정계수R^2, 개별 요인의 유의확률, 계수Parameter Estimates, 네 가지예요. 이것이 핵심입니다.

우선 첫 번째 표, 분산 분석Analysis of Variance; ANOVA은 모형의 적합도를 검정한 결과를 나타낸 것입니다. 이 모형이 얼마나 잘 만들어졌는지 보여주는 것이죠. 여기에 여러 값이 있는데요. 김 팀장은 Pr이라고 쓰인 p-value, 즉 유의확률 하나만 보면 돼요.

유의확률Significance Probability은 귀무가설이 맞다고 가정할 때 관측된 통계치보다 더 극단적인 통계치가 관측될 확률을 말합니다. 보통 p, p-value, Pr, Prob 등으로 표기됩니다. 여기 표에는 Pr > F라고 되어 있는데요. 뒤에 나오는 F는 신경 쓰지 마세요.

p-value의 값을 보면 <.0001, 즉 p-value가 0.0001보다 작다고 표

Analysis of Variance					
Source	DF	Sum of Squares	Mean Square	F Value	Pr > F
Model	3	4860.32349	1620.10783	570.27	<.0001
Error	196	556.82526	2.84095		
Corrected Total	199	5417.14875			

Root MSE	1.68551	R-Square	0.6472
Dependent Mean	14.02250	Adj R-Sq	0.6456
Coeff Var	12.02004		

Parameter Estimates					
Variable	DF	Parameter Estimate	Standard Error	t Value	Pr > |t|
Intercept	1	2.93889	0.31191	9.42	<.0001
Store Size	1	2.40576	0.00139	32.81	<.0001
Staff	1	0.50153	0.00861	21.89	<.0001
Parking Lot	1	−0.00104	0.00587	−0.18	0.6399

이 표에서 중요한 것은 모형의 유의확률, 결정계수,
개별 요인의 유의확률, 계수, 네 가지다.

시되어 있죠? 이것을 봐야 합니다. 여기서 p-value가 가장 많이 사용되는 유의수준$^{Significance\ Level}$(통계적인 가설 검정에서 사용되는 기준값)인 0.05보다 큰지 작은지 확인하면 됩니다. p-value가 0.05보다 작으면 통계적으로 유의한 모형, 다시 말해 95% 신뢰수준으로 판단했을 때 믿을 수 있는 모형이라는 뜻입니다.

95% 신뢰수준이요? 이런 건 선거 때 방송에서 여론조사 결과를 알려주면서 쓰는 말 아닌가요?
이 조사는 95% 신뢰수준에서 오차 범위는 어쩌고저쩌고 하는….

네, 맞아요. 선거 때 여러 기관에서 여론조사를 하는데요, 이때 95% 신뢰수준에서 A 후보가 B 후보를 오차 범위 밖에서 앞서고 있다고 얘기하죠. 이 말은 A 후보가 B 후보를 앞선다고 믿어도 된다는 뜻입니다. 신뢰수준$^{Confidence\ Level}$은 모집단의 실제 평균값이 신뢰구간(모수가 실제 포함될 것으로 예측되는 범위)에 포함될 확률을 뜻합니다. 신뢰수준 95%의 반대인 5%가 유의수준인데요. 이 5%가 결국 0.05인 거죠.

p-value가 5%, 그러니까 0.05보다 작으면 이 모형을 신뢰해도 된다는 뜻이네요. 그럼 왜 5%인가요? 1%도 아니고 10%도 아니고 왜 5%가 기준이에요?

5%가 절대적인 기준은 아닙니다만, 가장 많이 사용되는 기준이에요.

5% 말고도 10%, 1%, 0.1% 등이 사용되지만, 가장 많이 사용되는 유의수준이 5%입니다.

p-value가 0.05보다 크면 분석 결과를 믿을 수 없다는 뜻이겠네요. 그럼 이때는 어떻게 하나요?

p-value가 0.05보다 크면 모형을 신뢰할 수 없으니 분석 결과를 쓸 수 없겠죠. 그런데 표본의 개수가 일정 규모 이상인 회귀 모형에서 전체 계수 값이 0으로 수렴하는 경우를 제외하고는 p-value가 0.05보다 큰 경우를 찾기 어렵습니다.

p-value가 0.05보다 큰 경우가 거의 없다고요? 그러면 제가 군이 p-value를 확인해야 하는 이유가 뭔가요?

p-value는 분석 결과의 유의성을 확인하는 첫 번째 절차입니다. 예를 들어 김 팀장이 자동차를 운전하기 위해 시동을 켜면 대시보드에 여러 표시가 나타났다가 사라지죠. 이는 자동차의 여러 장치를 점검한 결과를 표시한 것인데, 대부분 특별한 이상이 없어서 이 표시는 금방 사라집니다. 그래도 매번 시동을 걸 때마다 표시하지요. 모형의 p-value도 이와 비슷합니다. p-value가 0.05보다 클 확률은 희박하지만, 분석 과정에서 반드시 확인하고 넘어가야 할 절차입니다.

그럼 혹시 제가 박 대리한테 '음, p-value가 0.05보다 낮으니 이 모형은 신뢰해도 되겠네요'라고 말하면 좀 있어 보일까요?

당연하죠. 박 대리가 깜짝 놀라서 김 팀장을 쳐다볼 겁니다. 회사에서 데이터를 이해하는 사람을 만났다고 반가워하겠죠. 김 팀장이 나중에 본부장에게 보고할 때도 p-value 얘기를 해보세요. 예를 들어 '본부장님, 모형을 검정해봤더니 p-value가 0.0001보다 낮습니다. 이 모형을 전적으로 신뢰하셔도 좋습니다'라고요. 본부장은 뭔 말인지는 몰라도 김 팀장이 데이터 전문가라고 생각할 겁니다.

꼭 써봐야겠어요. 자, 그러면 다음엔 뭘 봐야 하나요?
아까 결정계수를 봐야 한다고 했죠?

네. 이제 R-Square(알스퀘어)라고 쓰여 있는 결정계수 R^2를 봐야 합니다. p-value는 모형을 신뢰해도 되는지 확인할 때 필요했죠. R^2는 이 모형이 전체 현상을 얼마나 설명하는지를 얘기해 줍니다. 이 표에서 R^2가 0.6472라는 것은 이 모형이 전체 현상을 64.72% 설명한다는 뜻이에요.

예를 들어 우리가 매출에 영향을 미치는 요인을 5개 선정해서 모형을 만들었다고 생각해보죠. 이 모형이 5개 요인을 통해 매출에 영향을 미치는 전체 요인 중 64.72%를 설명한다는 뜻입니다. 비즈니스 관점에서 말하면, 매출이 100억 원 증가한다고 했을 때 그중 64억 원가량이 왜 증가하는지 설명할 수 있다는 말입니다.

그러면 신뢰수준과 마찬가지로 R^2가 높을수록 좋겠군요?
그럼 R^2도 신뢰수준 95%처럼 일반적으로 통용되는 기준이 있나요?

R^2에 대한 기준은 분야마다 다릅니다. 일반적으로 공학이나 자연과학에서는 R^2가 0.7 이상이면 괜찮다고 인정합니다. 반면 사회과학이나 경영학에서는 R^2가 0.3이나 0.4 정도만 나와도 의미가 있다고 판단해요. 따라서 비즈니스 현장에서 R^2가 0.64로 나왔다면 꽤 높은 값이라고 판단하면 됩니다.

그럼 R^2가 0.3 미만이면 분석 결과가 의미 없다고 봐야 하나요?

꼭 그렇지만은 않아요. 예를 들어 최근 코로나 때문에 정부가 긴급재난지원금을 지급했죠. 이때 긴급재난지원금이 골목상권을 살리는지 분석한 결과가 있는데요, R^2가 0.2 정도밖에 되지 않습니다. 그런데 이 결과는 경제 정책이라는 관점에서 중요한 발견이에요. 이전까지 긴급재난지원금이 골목상권 활성화와 어떤 관계가 있는지 몰랐는데, 이번 분석이 새로운 정책에 시사점을 제공하기 때문입니다. 이때는 비록 R^2가 낮아도 정책적으로 중요한 발견을 했으니 의미가 있다고 볼 수 있죠.

R^2를 절대적인 기준으로만 볼 게 아니고 상황에 따라 적절하게 해석해야겠군요. 그런데 여기 표에 보면 R^2 바로 아래에 Adj R-Sq라는 게 있는데 이건 뭔가요?

수정 결정계수라고 번역하는 어드저스티드 알스퀘어 Adj R^2입니다. Adj는 Adjusted의 약자이고요. 그렇다면 무엇에 대한 수정인지 알면 되겠죠. 우선 이런 예를 생각해봅시다. 매장의 매출에 영향을 주는 요인으로는 유동인구, 직원 수, 서비스 만족도, 화장실 개수, 세면대 수 등 매우 많습니다. 수백 가지가 될 수도 있어요. 만약 이렇게 매출에 영향을 주는 요인 수백 가지를 사용해서 매출을 분석하면 결과가 더 정확하겠죠. 하지만 모형은 엄청나게 복잡할 겁니다. 만약 요인을 서너 가지로 한정하면 매출을 정확하게 분석하지는 못하겠지만 모형은 간단하겠죠.

수정 결정계수는 지나치게 많은 요인을 사용해서 모형을 만들 경우 설명력이 높아지는 현상을 보완하기 위해 만들어낸 지표입니다. 그래서 Adj R^2는 요인이 2개 이상일 때부터 R^2보다 조금씩 작아집니다. 그런데 실무에서는 두 값에 큰 차이가 없기 때문에 어떤 값을 봐도 큰 상관은 없습니다. 요인이 많을수록 두 값의 차이가 커지지만, 실무에서는 10개가 넘는 요인을 고려하는 경우가 드물어요. 요인으로 고려할 다양한 데이터를 수집하기도 어렵고요. 김 팀장은 R^2에 두 가지 유형이 있다는 것 정도만 알면 좋겠네요.

내용이 없는 건 아니에요. 표에 표시된 값들이 모두 나름대로 의미를 가지고 있지만, 상대적으로 덜 중요하다고 보는 게 맞아요. 가장 중요한 사항은 다음에 나옵니다.

지금까지는 전체 모형의 p-value와 R^2를 봤어요. 이제부터는 개별 요인이 매출에 어떤 영향을 미치는지 볼 겁니다. 이때 중요한 값이 바로 개별 요인의 p-value와 계수입니다. 우선 개별 요인의 p-value를 보죠. 마지막 표(32쪽) 오른쪽 끝에 있는 $\text{Pr} > |t|$가 개별 요인의 p-value입니다. 보는 방법은 모형의 p-value와 같아요. 개별 요인의 p-value가 0.05보다 작으면 그 요인이 결과에 유의한 영향을 미친다고 해석합니다. 예를 들어 매출에 영향을 미친다고 판단해서 수집한 요인이 10개가 있다고 가정해보죠. 그중에서 어떤 요인은 매출에 실제로 영향을 미치고, 어떤 요인은 매출에 영향을 주지 못할 겁니다. 표에서 보면 매장 크기Store Size와 직원 친절도Staff의 p-value는 0.05보다 작기 때문에 이 두 요인은 매출에 유의한 영향을 준다고 말할 수 있습니다.

그러나 주차장 면수Parking Lot를 보면 p-value가 0.6399이죠. 주차장 면수의 p-value는 0.05보다 크기 때문에 매출에 영향을 준다고 볼 수 없어요. 이것을 학문적으로는 '주차장 면수는 매출에 통계적으로 유의한 영향을 미치지 않는다'라고 얘기합니다.

이 표에서 핵심은 개별 요인의 p-value군요.

그런데 모형의 p-value가 0.05보다 작으면 개별 요인의 p-value도

당연히 0.05보다 작아야 하는 거 아닌가요? 언뜻 생각하기로는

개별 요인의 p-value의 합이나 곱이 전체 모형의 p-value일 듯해서요.

그건 아닙니다. 개별 요인의 p-value를 산출하는 방법과 전체 모형의 p-value를 산출하는 방법 자체가 달라요. 데이터를 분석해보면 전체 모형의 p-value가 0.05를 넘는 경우는 거의 없지만, 개별 요인의 p-value는 0.05를 넘는 경우가 많습니다. 이와 같이 개별 요인의 p-value를 확인하는 것이 통계 학습의 결과를 해석하는 데서 핵심이라고 할 수 있어요.

개별 요인의 p-value를 확인하는 것이 데이터 분석 결과를 읽는

키포인트라는 말씀이군요.

그럼 개별 요인마다 매출에 영향을 주는 정도가 다를 텐데요.

그 값은 어디에 있나요? 표에서 Parameter Estimate가 그것인가요?

맞습니다. 김 팀장이 이제 데이터 분석 결과를 보는 눈이 생겼군요. 축하합니다. 원래 데이터 분석을 잘하려면 통찰력이 좋아야 해요. 아무래도 김 팀장은 데이터 분석으로 성공할 것 같은데요?

하하, 별말씀을 다 하시네요. 이제 시작인데요, 뭐.

그런데 Parameter Estimate는 우리말로 뭐라고 하나요?

한도 추정? 매개 변수 추정?

— Parameter Estimate는 계수 Coefficient라고 부르면 됩니다. 다른 요인이 통제된 상황에서 A가 한 단위 증가할 때 B가 몇 단위 증가하는지를 보여주는 값이에요. 예를 들어 매장 크기가 한 단위 증가할 때 매출이 얼마나 증가하는지를 보여주는 것이 계수죠.

— 만약 매장 크기 단위가 m²이고 매출 단위가 억 원이라고 가정해보죠. 이때 계수가 2라면, 매장 크기가 1m² 증가할 때 매출이 2억 원 증가 한다는 겁니다. 매장 크기가 10m² 늘어나면 매출은 20억 원이 증가 하겠죠.

그럼 실제 비즈니스에서 의미 있는 값은 바로 이 계수겠군요?

그럼 계수 항목 중에 Intercept는 뭔가요?

— Intercept는 수학에서 절편이라고 하는데요. 절편이란 독립변수가 모 두 0일 때 종속변수의 값을 의미합니다. 'Y = aX + b' 라는 일차방 정식을 생각해보세요. 여기서 X를 독립변수라고 부르고, Y를 종속변 수라고 부르는데요. X가 0이면 Y는 b가 되겠죠. 이때 b를 절편이라 고 합니다.

— 매장의 매출을 분석할 때 개별 요인이 매출에 미치는 영향을 분석하

지만, 데이터 분석에 사용한 요인으로만 매출을 설명할 수는 없어요. 데이터 분석에서 빠지거나 제외한 요인이 매출에 영향을 주기 때문에 절편이 있는 겁니다.

그렇군요. 그러면 지금까지 한 것을 결국 Y = aX + b와 같은 식으로 정리할 수 있겠네요?

맞습니다. 데이터 분석 결과를 본부장님께 보고할 때는 다음과 같은 회귀식으로 정리하는 것도 좋은 방법입니다.

매출액 = 2.40576 × 매장 크기 + 0.50153 × 직원 친절도 − 0.00104 × 주차장 면수 + 2.93889

처음에는 되게 어렵다고 생각했는데 막상 중요한 것만 뽑아서 설명을 들으니 그리 복잡하지 않네요?
비즈니스 하는 입장에서는 이 정도만 알아도 충분한가요?

예, 물론 제대로 알려면 끝도 없지만 그건 데이터 분석가의 역할이지 김 팀장이 더 깊이 알 필요는 없어요. 김 팀장에게 필요한 것은 '어떤 요인이 매출에 얼마나 영향을 주는가?'잖아요. 데이터 분석 결과를 보면서 원하는 바를 알 수 있을 정도면 됩니다.

참, 계속 궁금했지만 물어보기 부끄러운 게 있어요.
R^2는 R-Square라고 쓰면서, Adjusted R^2는 왜 Adj R-Sq라고 쓰는 거죠?

그건 그냥… 칸이 좁아서….

하하하, 그렇군요. 어쨌든 덕분에 이제 데이터 분석에 약간 자신감이
붙었어요. 모레 저희 팀 최 주임이 보고서를 써 올 텐데, 그때 아는 척 좀
해야겠군요.

세 줄 정리

- 데이터 분석 결과를 볼 때 모형의 적합도를 판단하려면 모형의 p-value
  가 0.05보다 작은지 확인하고, R^2가 해당 분야에서 요구하는 값과 비교
  하여 적절한지 확인한다.

- 개별 요인이 유의미한지는 개별 요인의 p-value가 0.05보다 작은지를
  보고 판단한다.

- 개별 요인의 계수를 이용해 회귀식을 만들어 보고한다.

며칠 뒤 김 팀장은 최 주임과 약속한 시각에 회의실에 갔다. 최 주임은 벌써 노트북을 빔 프로젝터에 연결해 회의실 스크린에 보고서를 띄워놓았다. 최 주임은 김 팀장이 자리에 앉자 바로 보고를 시작했다.

"팀장님, 지난번에 지시하신 강남역 신규 매장 매출 추론 결과를 보고하겠습니다. 경영기획팀 박 대리가 데이터 분석을 해줬고요. 전 결과를 받아서 정리했습니다. 결과는 보시는 바와 같이 매장 크기와 직원 친절도가 매출에 영향을 주며, 주차장 면수는 매출에 영향을 주지 않는 것으로 나타났습니다."

김 팀장은 그저께 황보 교수에게 들은 것과 같은 내용이라 바로 이해할 수 있었다.

"네, 좋네요. 최 주임, 화면 아래 회귀식을 보면 매장 크기가 1㎡ 증가할 때마다 매출이 2.4억 원 증가하네요? 직원 친절도는 1점 향상할 때마다 매출이 0.5억 원씩 증가하고요."

"네? 아, 네. 맞습니다. 팀장님."

"R^2 값은 얼마인가요? 0.5는 넘어야 할 텐데요?"

"네? 아, 네… 그건 저도 잘….”

"최 주임. 박 대리한테 설명 못 들었나요? 지금 우리가 분석하는 요인들이 전체 매출 변동의 몇 %인지를 알려주는 게 R^2입니다. 잠깐 화면을 앞으로 돌려보세요. 네, 저기 있네요. 0.64네요. 그러니까 여기서 분석한 요인 3가지가 전체 매출의 64%를 설명하고 있네요. 그렇죠?"

최 주임은 깜짝 놀랐다. 최 주임은 그간 김 팀장을 감이나 노하우만 따지는 구닥다리 팀장으로 생각했었다. 사실 최 주임도 데이터에 대해서는 아는 게 별로 없었다. 그래서 박 대리가 얘기해준 대로 결과만 간단히 보고하면 될 줄 알았다. 그런데 웬걸, 김 팀장이 마치 데이터 분석 전문가처럼 보였다.

"최 주임도 이제는 데이터 분석에 근거해서 일해야 합니다. 이번 기회에 데이터 분석을 배워보세요. 최소한 p-value나 R^2가 무엇인지는 알아야 데이터 분석 결과를 해석할 수 있어요."

"네, 알겠습니다."

김 팀장은 어깨가 으쓱해졌다. 팀원에게 이런 전문적인 내용으로 코칭을 하니 팀장으로서 제대로 일한다는 느낌이 들었다. 자신감도 생기고 이래저래 기분이 좋았다.

3

분석 결과가 상식적으로 좀 안 맞는데요?

다음 날 김 팀장은 최 주임이 작성한 보고서를 간단히 확인한 뒤 본부 팀장회의 담당자에게 보냈다. 10시 반이 되자 본부장이 주재하는 회의가 시작되었다. 몇몇 다른 팀장들의 보고 뒤 김 팀장 차례가 되었다.

김 팀장은 신규 매장 매출 분석 결과를 자신 있게 보고했다. 그런데 갑자기 여기저기서 예상치 못한 질문과 비난이 쏟아져나오기 시작했다. 먼저 인사팀장이 말을 꺼냈다.

"지금 매출에 영향을 주는 요인을 매장 크기와 직원 친절도로 설명하셨는데요. 제가 알기로는 점장의 역량이 매출과 직결하거든요. 뭔가 포인트를 잘못 잡으신 것 같은데요?"

"네… 그렇죠. 점장 역량이 중요하긴 하죠…. 그게, 음…."

김 팀장이 대답을 머뭇거리는 사이에 이번엔 마케팅실장이 치고 들어왔다.

"제가 보기에도 좀 이상한데요. 제가 예전에 영업기획을 했잖아요. 그 당시를 생각해보면 매장이 위치한 지역의 고객 소득수준이 매출에 영향을 많이 줬거든요. 그래서 다들 부자 동네에서 점장을 하고 싶어 하잖아요."

김 팀장이 대답할 새도 없이 이번에는 현장에서 잔뼈가 굵은 영업3팀장이 말했다.

"이 분석이 뭔가 좀 안 맞지 않나요? 여기 회귀식을 보면 매장 크기가 계속 커지면 매출도 무한정 커진다는 얘기인데, 말이 됩니까? 아무리 요즘 빅데이터니 인공지능이니 하지만 이게 현실을 제대로 반영하는 것 같지 않네요. 그렇지 않아요?"

회의실에는 정적이 흘렀다. 마치 찬물을 끼얹은 듯한 분위기에 김 팀장은 시선을 어디에 둬야 할지 몰랐다. 그때 팀장 중에서 가장 고참인 재무팀장이 입을 열었다.

"사실 데이터 분석이 아직 완벽하지는 않은 것 같습니다. 그렇다고 아예 무시할 정도는 아니고요. 다만 여기 보시면 김 팀장이 설명한 대로 R^2가 64%밖에 안 되니 이걸 좀 높이면 될 것 같은데요.

사실 64%면 100점 만점에 64점이니까… 수우미양가로 치면 양이잖아요, 양. 이 R^2 값을 90% 이상으로만 높이면 지금 여러 팀장님들이 말씀하신 내용들을 다 포함할 수 있을 것 같아요."

이번엔 IT지원팀장이 끼어들었다.

"여기 보면 오류도 좀 있는 것 같네요. 인과관계가 없는 변수도 있는 듯하고요. 사실 매장 크기와 창고 크기를 개별 변수로 다 넣어야 하는지 잘 모르겠어요. 과연 창고 크기가 매출에 영향을 줄까요? 둘은 인과관계가 아니라 상관관계만 있을 거 같네요."

IT지원팀장의 말이 끝나기도 전에 여기저기서 웅성거리는 소리가 났다. 결국 본부장이 나서서 상황을 수습했다.

"이번에 김 팀장이 처음으로 데이터 분석에 근거해서 매출을 추정해봤습니다. 우리 회사도 이제부터는 데이터 분석에 근거해서 의사결정을 해야 합니다. 아직까지는 서로 이해 못 한 것도 있고, 준비가 부족한 것도 사실입니다. 일단 김 팀장이 총대를 메고 시작한 거니까 다른 팀장들도 본인 의견을 데이터에 기반해서 제시해주세요. 김 팀장은 다른 팀장들의 질문과 의견을 참고해서 다음 주에 다시 정확하게 보고하고 답변하도록 하세요."

"네…. 알겠습니다…."

김 팀장은 겨우 한숨을 돌렸다. 하지만 다른 안건으로 회의가 계속되는 내내 가시방석에 앉은 것 같았다. 다른 팀장들에게 부끄

럽기도 하고, 본부장에게 미안하기도 했다. 쏟아지는 관심에 놀랍기도 하고, 내가 왜 이런 생각을 미처 못했을까 스스로 한심하기도 했다.

이윽고 회의가 끝나고 모두 회의실을 나갔다. 하지만 김 팀장은 회의실에 혼자 남아 황보 교수에게 화상회의를 하자고 요청했다.

황보 교수, 바쁜데 미안합니다. 제가 지금 좀 당황했어요.

방금 본부 팀장회의를 했는데요. 시쳇말로 다 털렸습니다.

다른 팀장들이 얼마나 질문을 해대는지….

제가 답을 제대로 못 했어요. 저 좀 도와주세요.

그랬군요. 무슨 질문이 나왔을지 대강 예상은 가지만 그래도 구체적으로 어떤 질문이 있었는지 궁금하네요.

네? 질문 나올 걸 예상했다고요?

아니 그럼 진작 말씀해주시지 그랬어요?

물론 예상 가능한 질문이 있죠. 그런데 다들 상황이 다르고 관심사도 달라서, 실제 질문을 들어봐야 저도 더 적절한 답변을 드릴 수 있어요. 게다가 예상 질문이 있다고 해서 모든 걸 알려드릴 수는 없잖아요.

그건… 그렇죠. 일단 제가 메모한 내용을 말씀드릴 테니
어떻게 대답해야 할지 알려주세요.

　　네, 얘기해보세요.

첫 번째 질문은 인사팀장이 했는데요. 점주 역량이 매출에 가장 큰
영향을 준다는 거예요. 인사팀 입장에서는 그렇게 얘기할 수 있죠.
실제로 점장 역량에 따라 해당 매장 매출이 오르락내리락하거든요.
그래서 올해 인사팀에서 주력하는 부분이 점장 역량 교육이에요.

　　점장 역량이 매장의 매출에 영향을 주는 건 확실해 보입니다. 그것도
　　아주 큰 영향이요. 그래서 많은 조직이 큰돈을 들여 리더십 교육을 하
　　죠. 대기업은 조용한 곳에 인재개발원을 지어서 모든 관리자들에게
　　리더십 교육을 하잖아요. 그만큼 관리자의 역량이 중요하다는 거겠
　　죠. 그렇다면 김 팀장님은 인사팀장에게 점장 역량을 측정한 데이터
　　를 달라고 해야 합니다. 그래야 데이터 분석을 할 수 있죠.

그런데 점장 역량이란 것이 숫자로 딱 나오는 게 아니잖아요. 인사팀이
점장 역량을 구체적으로 항목화해서 평가하는 것 같지도 않고요.

　　매우 중요한 문제를 얘기하셨어요. 양과 질에 관한 건데요. 데이터 분
　　석에서 요인은 크게 양적인 요인과 질적인 요인 두 가지로 나눌 수 있

습니다. 먼저 양적인 요인은 매장 크기나 주차장 면수, 휴게실 유무 같이 숫자로 딱 떨어지는 데이터를 말합니다. 꼭 숫자가 아니더라도 이름이나 용어처럼 문자로 된 것도 양적인 요인이 될 수 있어요. 질적인 요인은 고객 만족도나 직원 친절도같이 사람이 느낀 것을 말해요. 이런 질적인 요인을 분석하려면 양적인 요인으로 바꿔줘야 합니다. 그런데 이게 쉽지 않아요. 점장 역량이 바로 질적인 요인인데, 이것을 어떻게 양적인 요인으로 바꿀 수 있을까요?

보통 설문 같은 것으로 자기 역량을 점수화해서 평가할 수도 있지 않나요?

네, 그렇게 할 수 있겠죠. 그렇게 하려면 점수화하는 기준이나 체계, 즉 척도가 있어야 합니다. 그런데 어떤 척도를 쓰더라도 점장 역량을 100% 다 양적인 요인으로 환산할 수 없다는 문제가 있어요. 게다가 점장 역량의 한계가 어디까지인지도 모르잖아요. 100점 만점이 되는 정도가 정확히 어느 지점인지 알 수 없어요.

그래서 우리는 질적인 요인을 측정하기 위해 잘 알려지고 검증된 이론을 사용합니다. 예를 들어 어떤 리더십 이론을 보니 점장 역량을 구성하는 요소에 매장 관리 역량, 고객 대응 역량, 영업 역량, 위기 대응 역량이 있다고 합니다. 그런데 이 네 가지로 점장 역량을 다 설명할 수 있을까요? 그렇지 않겠죠. 게다가 이 네 가지마저도 사실 정량이 아닌 정성적인 요인입니다.

이 네 가지 요인이 점장의 역량을 다 설명하지 않아도

대략 50% 정도 설명한다고 하면 되지 않을까요? 모형의 R^2 값처럼요.

그건 불가능합니다. 그걸 알려면 점장 역량을 100점 만점으로 환산해야 하는데, 앞에서 말했지만 점장의 역량을 100으로 한계 지을 수가 없어요. 어떤 점장은 전혀 생각지도 못한 역량을 발휘해서 매출을 높일 수 있고요. 또 시대가 변하면서 점장 역량 체계가 달라질 수도 있어요.

예를 들어 지금 점장에게 요구된 역량에 디지털 기술 활용이 필요한지 아닌지를 판단하기엔 애매하죠. 하지만 몇 년 뒤에는 디지털 기술 활용 역량으로 매출을 향상시키는 점장이 나올 수도 있어요.

수능 점수는 어떤가요? 수학능력시험이 대학에서 공부할 수 있는

능력을 평가한 것이잖아요. 이런 식으로 점장 역량도 평가할 수 있지

않나요?

결론을 얘기하면, 할 수 있지만 매우 어렵죠. 수학능력을 평가하려면 우선 시험을 국어, 외국어, 수학, 사회탐구, 과학탐구 등 여러 요인으로 나눠야 합니다. 과학탐구는 또 물리, 생물, 지구과학, 화학 같은 과목으로도 쪼개야 하고요. 이렇게 질적으로 쪼갠 것을 평가하려면 또 기준이 필요합니다. 물리는 40점, 생물은 30점, 지구과학은 20점, 화학은 10점, 이런 식으로요. 그런데 이런 비율 배분을 어떻게 결정하

죠? 이런 지표 자체를 만드는 것이 굉장히 어려운 일입니다. 즉, 질적인 데이터를 양적인 데이터로 바꾸는 이 작업이 데이터를 분석하는 것보다 더 어렵습니다.

그러면 인사팀에도 이런 양적 데이터가 없겠네요.

데이터 분석가가 데이터 분석을 요청한 현업 부서에 데이터를 달라고 하면 그들이 뭐라고 하는지 아세요? 데이터 분석가가 알아서 데이터를 만들라고 해요. 자기들은 데이터가 없다면서요. 막상 데이터는 주지 않으면서 데이터 분석을 해달라고 하는 거죠. 데이터를 만드는 것 자체가 데이터 분석보다 훨씬 더 어렵고, 시간도 많이 걸립니다. 데이터 분석가에게는 배보다 배꼽이 더 큰 일이 될 수도 있죠. 그래서 양적 데이터를 만드는 일은 현업 부서에서 해줘야 해요. 데이터 분석가는 인사 전문가가 아니기 때문에 점장 역량이 어떻게 구성되는지, 점장 역량을 어떤 지표로 평가해야 하는지, 과거 데이터가 뭐가 있는지, 향후에는 어떤 역량이 중요할지 모르니까요.

인사팀이 매년 하는 점장 고과 평가 같은 데이터를 사용하는 것은요?
이건 정량 데이터잖아요.

인사고과 데이터가 있어도 현실에서는 사용할 수 없는 경우가 많아요. 대부분 회사는 1년에 한두 번 정도 인사 평가를 하는데, 고과를 평가하는 기준이 매년 달라요. 작년에 없던 평가 항목이 올해 새로 생기기도 하고, 또 다음 해에는 그 평가 항목의 비중이 달라지기도 하고요. 데이터가 시계열적으로 통일된 기준에 따라 정리되어 있어야 하는데 매년 기준이 다르면 데이터가 있다고 해도 활용하기가 어렵습니다.

그리고 점장이 한 매장에서 점장만 계속하는 게 아니잖아요. 본사 업무도 했다가, 다른 지역 매장 점장으로 발령되어 나가기도 하잖아요. 그러면 점장 역량을 평가할 때 상당 기간이 비게 되고, 자연히 인사고과 데이터의 가치가 떨어지죠.

인사팀장의 주장대로 점장 역량으로 데이터 분석을 하려면
이제부터라도 제대로 된 데이터를 만들어야겠네요?

맞아요. 데이터 분석에 근거해서 의사결정을 하려면 현업 부서에서 데이터를 만드는 일부터 시작해야 합니다. 데이터도 없이 점장 역량이 매출에 가장 큰 영향을 미친다고 주장하는 건 요즘 같은 빅데이터 시대에는 적절하지 않죠. 어쩌면 인사팀장은 이 모든 사실을 알고 있을 수도 있습니다.

사실 데이터 확보와 축적 문제는 인사팀장만의 문제는 아닙니다. 요즘 현업 부서장들이 데이터 분석에 많은 관심을 갖지만, 정작 데이터가 없거나 분석에 필요한 데이터를 못 만들어서 시작조차 못 하는 경우가 많아요.

정량 데이터를 만드는 것이 데이터 분석의 전제 조건이군요.
다음 회의 때 인사팀장뿐 아니라 여러 팀장에게 데이터 분석의
전제 조건을 잘 설명할 수 있겠네요. 그러고 보니 마케팅실장이
물었던 것도 이와 비슷해요. 마케팅실장이 부촌 지역에 매장을 내면
매출이 높아진다고 얘기했는데요. 그것도 일리가 있어요. 그런데 이걸
증명하려면 소득수준과 관련한 데이터가 있어야 하겠죠?

당연하죠.

그러면 데이터를 만드는 구체적인 방법이 있나요?
그냥 정량으로 만들기만 하면 되나요?

데이터를 만드는 얘기는 길고 복잡하니, 다음 기회에 하도록 하죠.

네. 알겠습니다.

세 줄 정리

- 현업 부서에는 예상과 달리 데이터가 축적되지 않은 경우가 많다.

- 데이터 분석에 근거해서 의사결정을 하려면 현업 부서는 양적 데이터를 만드는 일부터 시작해야 한다.

- 질적 데이터를 양적 데이터로 변환하는 작업은 데이터를 분석하는 것보다 고도의 작업이다.

4 분석력과 예측력

분석을 하려면 다 해야지, 왜 하다 말아요?

잠시 쉬는 동안 김 팀장은 본부 팀장회의 내용을 곱씹어봤다. 그러다 문득 뭔가 이상하다는 생각이 들었다. 오늘따라 다들 왜 이리 말이 많지? 본부 팀장회의를 하면 보통 서로 질문도 안 하고 대꾸도 거의 없었다. 대부분 본부장이 혼자 떠들다가 특정 팀장에게 질문하면 그 사람만 조금 대답하는 정도였다. 가끔 본부장이 다른 팀장에게 의견을 묻거나, 논의 내용에 대해 질문이 있으면 해보라고 하지만 다들 눈치만 보다 말았다. 그런데 오늘은 유독 여러 팀장이 나서서 질문을 해댔다. 하도 질문이 많고 의견도 다양해서 본부장이 서둘러 안건을 종료했을 정도다. 이걸 어떻게

해석해야 할까?

김 팀장은 반대 입장에서 생각해봤다. 만약 다른 팀이 이렇게 데이터 분석을 해오면 나는 어떨까? 그러고 보니 김 팀장도 이런 저런 의견을 얘기하거나 질문을 했을 것 같았다. 데이터 분석이 왜 그렇게 되는 건지도 좀 신기하고, 평소 생각한 요인이 매출에 어떤 영향을 주는지도 궁금하고, 요즘 데이터 분석으로 의사결정을 하는 것이 화두다 보니 관심도 있고, 그러니 마침 기회가 있을 때 이것저것 물어보고 싶었을 것이다. 김 팀장은 무릎을 탁 쳤다.

"그래, 팀장들이 다들 데이터 분석을 하고 싶었던 거였어!"

황보 교수, 내가 쉬는 시간에 생각해보니까요.
오늘 다른 팀장들이 이렇게 질문을 많이 한 게 사실 그들도
데이터 분석을 하고 싶어서였나 봐요.

하하하. 김 팀장도 이제 눈치챘군요. 사실 데이터 분석을 하다 보면 다른 사람에게 관심도 많이 받고 시기도 많이 받습니다. 게다가 요즘은 대기업 회장님이나 중소기업 사장님이나 모두 데이터로 의사결정을 하라고 하니 임원이나 팀장이 데이터 분석에 관심을 안 가질 수가 없어요. 앞으로도 김 팀장에게 이것저것 물어오는 팀장이나 임원이 많을 겁니다. 한번 두고 보세요. 제 말이 틀린지.

그럼 저야 좋죠. 일단 제가 트렌드를 앞서 나간다는 것도 좋고요.

아무튼 덕분에 요즘 롤러코스터를 탑니다.

그나저나 다음 질문은 영업3팀장이 했던 건데요.

매장 크기를 계속 늘리면 매출도 무한정 늘겠냐는 거예요.

사실 그렇지는 않잖아요. 그런데 회귀식을 보면 그렇게 나오니까

영업3팀장은 말이 안 된다고 하는 거죠.

영업3팀장 말이 틀리지는 않았어요. 사실 이게 선형 회귀의 한계입니다. 그런데 제대로 된 데이터 분석가라면 사용한 데이터를 먼저 확인할 겁니다. 예를 들어 분석에 사용한 매장의 면적 데이터가 최소 $100m^2$에서 최대 $500m^2$라고 해보죠. 그러면 $100 \sim 500m^2$ 사이에서는 매장 면적과 매출의 관계를 분석할 수 있어요. 하지만 $1,000m^2$나 $10,000m^2$에서 동일한 결과가 나온다고 주장할 수는 없죠. 그 범위의 데이터는 사용한 적이 없으니까요. 만약 영업3팀장이 매장 크기와 관련한 다양한 데이터를 제공해주면 그걸로 분석할 수 있고, 그러면 그 면적에 해당하는 매출도 추론할 수 있어요. 분석에 사용한 데이터 구간 '안에서' 분석 결과가 의미를 가진다는 점이 중요해요. 사용한 데이터 구간을 벗어났을 때는 데이터 분석 결과가 의미를 가진다고 장담할 수 없어요.

그럼 왜 선형 회귀를 사용하죠?

해석하기가 쉬우니까요. 선형 모형 대신 제곱이나 세제곱이 들어간 다항식을 사용할 수도 있는데요. 이렇게 하면 모형은 현실에 더 가깝지만 해석하기가 매우 어려워집니다.

이제 뭔가 속이 뚫리는 느낌이네요.
마지막 질문은 재무팀장이 R^2 값을 더 올려야 한다고 말한 건데요.
전에 황보 교수가 말하기를 R^2는 모형이 전체 현상을 얼마나 잘 설명하는지를 보여준다고 했잖아요. 그렇다면 결과에 영향을 주는 요인을 계속 추가하면 R^2 값을 높일 수 있지 않나요?

맞습니다. 결과를 설명하는 요인이 많을수록 R^2 값이 올라가는 건 당연합니다. 요인이 3개일 때보다 10개일 때, 10개일 때보다 20개일 때 R^2 값이 더 높겠죠.

그럼 R^2 값을 높이는 게 그리 큰 문제는 아니군요?

그건 그렇지 않아요. 여기에는 세 가지 문제가 있어요.
첫째는 데이터 문제입니다. R^2를 높이기 위해 더 많은 요인을 모형에 넣고 싶어도 현실에 데이터가 없는 경우가 많습니다. 점장 역량부터 고객 만족도, 고객의 소득수준 같은 데이터는 없는 경우가 많죠. 데이터를 가지고 모형을 훈련한 뒤 예측력을 검증하면 좋은 모형이 나옵니다. 이렇게 하려면 데이터를 훈련용 데이터와 검증용 데이터로 쪼개야 해요. 그런데 현실에서는 데이터가 부족해서 이렇게 하기가 어려워요. 데이터의 양이 많아야 예측력을 높일 수 있는데, 이렇게 많은 데이터는 공장의 센서 측정으로나 얻을 수 있죠. 일반 매장에는 그렇게 많은 데이터가 없어요.

그럼 지금부터 데이터를 만든다고 해도 모든 요인에 대한 데이터를 다 만드는 것은 불가능하겠네요? 그럼 두 번째 문제는 뭐죠?

둘째는 결과에 영향을 주지 않거나, 미미한 영향을 주는 요인을 추가했을 때 발생하는 문제입니다. 우리가 원하는 것은 매출에 중요한 영향을 주는 핵심 요인을 발견하는 것이잖아요. 그런데 매출에 그다지 관계없는 요인이 모형에 잔뜩 들어 있다면 어떻겠어요. 괜히 모형만 복잡해지고 실상 얻는 것이 별로 없겠죠.

억지로 R^2 값을 높이려고 하면 의미 없는 요인을 추가하는 일이 생기겠네요. 매장 입구 크기나 광고비, 직원 성별이나 쓰레기통 위치까지도요. 마지막 문제는요?

셋째는 모형이 복잡할수록 해석하기가 어려워진다는 겁니다. 앞에서 선형 회귀를 사용한 이유와 마찬가지입니다. 예측이 목적이라면 모형이 복잡해도 별문제가 없습니다. 사람의 얼굴을 판독하는 예측 모형에는 대부분 딥 러닝 알고리즘이 들어가는데요. 이 알고리즘을 이해하거나 해석할 수 없어도 전혀 문제가 없어요. 사람을 정확하게 판독하기만 하면 되니까요. 하지만 추론은 다르죠. 추론은 원인과 결과 사이의 관계를 해석할 수 있어야 해요. 그런데 모형이 복잡해지면 해석이 어려워지죠. 매출과 매출에 영향을 미치는 요인 간 관계를 해석하고 이를 의사결정에 반영할 수 있어야 하는데, 그게 어려워진다는 뜻입니다. 결국 적은 수의 요인을 가지고 결과를 최대한 많이 설명하는 것이 중요해요. 그 적정선을 찾는 게 바로 데이터 분석가가 할 일입니다. 김 팀장이 해야 할 일도 바로 이런 거죠. 적정선을 찾는 것.

앞에서 말씀하셨던 것 말이죠? 사회과학이나 경영학에서는 R^2가 30~40%만 나와도 인정한다는 거요.

네, 맞아요. 예를 들어 R^2가 40%로 나왔어요. 여기에 어떤 요인 한 개를 추가했더니 R^2가 10% 오르고, 또 하나를 추가했더니 7%, 또 하나를 추가했더니 3% 오른다고 해보죠. 이 과정에서 데이터를 모으고 정리하는 일이 각 요인마다 비슷하다고 가정했을 때, 결국 데이터 수집과 활용 간 가성비의 문제가 생길 겁니다. 요인을 추가할수록 R^2는 높아지겠지만 데이터 수집을 위한 수고는 기하급수적으로 늘어나고, 모형은 점점 복잡해지고, 해석은 더 어려워지죠.

데이터 분석은 결국 선택의 문제군요.

－ 맞아요. 우리나라 올림픽 효자 종목이 양궁이잖아요. 양궁을 보면 누구나 10점 만점 과녁에 화살을 쏘고 싶죠. 10발 쏘면 10발 모두 과녁 한가운데에 맞히고 싶을 거예요. 데이터 분석에서도 10점 만점이라는 정확한 답을 예측하고, 추론도 정확하게 하고 싶죠. 그런데 이게 쉽지 않아요. 실상은 과녁에서도 빗나가고, 한 곳에 집중해서 맞히지도 못 하는 잘못된 분석을 할 때가 많아요. 이때 데이터 분석가는 선택의 기로에 섭니다.

선택1은 정밀하게 분석하는 것, 선택2는 정확하게 분석하는 것이겠네요.

－ 맞아요. 선택1은 10점 만점에서 떨어져 있지만 일정한 영역에 집중해서 화살을 쏘는 것이죠. 이렇게 하면 다음에 어디를 맞힐지 예측하기도 쉽고, 어떤 요인이 중요한지 추론하기도 쉬워요. 학문적으로 얘기하면 분산을 줄여서 정밀도를 높인 경우예요. 퍼지지 않게 한 곳에 모았다는 의미입니다.
－ 선택2는 화살이 10점 만점 영역을 중심으로 분포하지만, 상하좌우 여러 곳에 흩어졌어요. 이렇게 하면 다음에 어디를 맞힐지 예측하기도 어렵고, 어떤 요인이 중요한지 추론하기도 어려워요. 대신 10점을 중심으로 고른 방향성을 보이죠. 학문적으로는 편향을 줄여 정확도를 높였다고 얘기합니다. 최대한 정답에 가깝게 배치했다는 의미예요.

기본 | 김 팀장, 데이터 분석으로 첫 보고 하다

좋은 분석이란 이상에 가깝다.
결국 데이터 분석의 목적이 무엇인지에 따라 적절한 선택을 해야 한다.

결국 데이터 분석가는 선택1과 선택2 중에서 하나를 골라야만 합니다. 훌륭한 데이터 분석가라면 추론할 때는 선택1을 고를 겁니다. 어차피 데이터 분석가는 비즈니스 현장에서 상사나 이해관계자가 실제로 사용할 수 있고, 설명할 수 있는 모형을 만들어야 하니까요. 아무도 이해 못 하고 해석도 못 해서 사용할 수 없는 모형을 만들면 안 됩니다. 반면에 데이터 분석의 목적이 예측이라면 데이터 분석가는 선택2를 고를 겁니다. 모형이 복잡하더라도 정답에 가까운 결과물을 도출해야 하기 때문이죠.

요지는 R^2 값을 억지로 올리면 모형이 복잡해지고
해석이 어려워져서, 추론이 중요한 의사결정에는 활용하기가
어려워진다는 것이군요.

그렇죠. 재무팀장에게 R^2 값을 10%씩 올리려고 할 때마다 데이터 수집과 가공에 소요되는 비용이 두 배씩 늘어난다고 얘기하세요. 그러면 R^2 값을 100점에 가깝게 올리자는 말을 더는 안 꺼낼 겁니다.

다음 주 본부 팀장회의에 가서는 자신 있게 말할 수 있겠네요.
이제 마지막 질문인데요.
IT지원팀장이 인과관계와 상관관계를 구분해야 한다고 했어요.
상관관계가 있는 변수가 들어가 있다고도 하고요.

이 문제는 좀 기니까 쉬었다가 하죠. 잠깐 화장실 좀 다녀올게요.

네, 잠시 후에 다시 뵙죠.

세 줄 정리

- R^2 값을 억지로 높이려고 해도 데이터가 없거나, 가성비가 나쁘거나, 해석하기 어려운 경우가 많다.

- 좋은 분석은 100점짜리 분석을 하는 것이 아니라 비즈니스 상황에 맞게 적절한 분석을 하는 것이다.

- 데이터 분석을 잘못 이해하는 사람에게 정확하고 적절하게 설명하는 것도 데이터 분석에서 중요한 일이다.

5

변수와 상관관계

데이터를 마구 집어넣으면 안 된다고요?

쉬는 동안 김 팀장은 점점 자신감이 차오르는 걸 느꼈다. 그러면서도 지난번 본부 팀장회의에서 부족했던 자신의 모습에 손발이 오그라들었다. 하지만 이젠 좀 알 것 같았다. 막막하게만 느껴졌던 데이터 분석이 얼추 손에 잡히는 듯했다. 게다가 재미도 있었다. 새로운 것을 알아가는 재미도 있지만, 그동안 이런 걸 몰라서 못했던 일들도 하나씩 떠올랐다. 그때 데이터 분석을 알았더라면 하는 아쉬움이 몰려왔다. 지금이라도 데이터 분석을 배우고 사용하게 되어 다행이었다.

그때 황보 교수가 화상회의를 계속하자고 말했다.

기본 | 김 팀장, 데이터 분석으로 첫 보고 하다

마지막 질문은 IT지원팀장이 한 건데요. 비즈니스에서는 인과관계를
많이 찾잖아요. 추론의 가장 큰 목적도 인과관계를 찾는 거고요.
그런데 제가 상관관계를 인과관계로 혼동했다는데 그게 정확하게
무슨 뜻인가요?

비즈니스에서는 어떤 일이 일어난 원인과 결과 간 관계를 분석하는
것이 중요하지요. 그건 데이터 분석에서도 마찬가지인데요. 인과관계
를 얘기하기에 앞서 우선 변수에 대해 살펴봐야 합니다.
데이터 분석은 주로 숫자를 분석하는데요. 여기서 숫자의 종류는 크
게 변수와 상수로 나뉩니다. 변수(變數)는 변하는 수를 의미하고, 상
수(常數)는 변하지 않는 수를 의미합니다. 데이터 분석으로는 변수
간 관계를 분석합니다. 변화하지 않는 숫자에는 관심이 없어요.

우리가 하는 비즈니스는 변수 그 자체겠네요.
비즈니스에서 불변의 진리는 변화밖에 없으니까요.

맞아요. 데이터 분석도 결국 변수를 다루는 거죠. 이때 변수의 종류는
크게 두 가지입니다. 독립변수와 종속변수요. 독립변수는 다른 변수
에 영향을 받지 않기 때문에 독립이라는 용어를 사용합니다. 반면에
종속변수는 다른 변수로부터 영향을 받는 변수를 의미합니다. 일반적
으로 독립변수는 X, 종속변수는 Y로 표현하죠.
독립변수가 여러 개 있으면 X_1, X_2, $\cdots$ X_p와 같이 표현합니다. 데이

터 분석에서 독립변수가 2개 이상이면 다중Multiple이라는 용어를 사용해요. 우리가 앞에서 봤던 선형 회귀에서 독립변수가 2개 이상일 경우 다중선형 회귀라고 얘기합니다.

우리가 앞에서 봤던 회귀 분석은 정확하게 말하면 다중선형 회귀였군요.
그럼 Y가 2개 이상 있으면요?

Y가 2개 이상 있으면 다변량Multivariation이라는 용어를 사용합니다. 그런데 김 팀장이 Y가 여러 개인 다변량 분석을 할 일은 별로 없을 거예요. 분석이 복잡하고 이해하기도 어렵거든요.

변수를 '설명변수', '반응변수', '예측변수'라는 말로도 쓰는 것 같던데요. 다 다른 건가요?

독립변수를 다른 말로 설명변수라고도 합니다. 종속변수는 반응변수라고도 하고요. 이건 통계학에서 쓰는 용어입니다. 컴퓨터공학에서는 X를 입력, Y를 결과라고 하기도 해요. X를 특징, Y를 라벨이라고 부르기도 합니다. 데이터 과학에서는 X를 입력, Y를 목표라고 하거나, X를 예측변수, Y를 피예측변수라고 부르기도 합니다. 정리하면 다음 표와 같아요.

학문	X	Y
통계학(통계 학습)	독립변수	종속변수
	설명변수	반응변수
	보조변수	연구변수
컴퓨터공학(기계 학습)	특징	라벨
	입력	출력, 산출, 결과
데이터 과학	입력	목표
	예측변수	피예측변수

변수를 부르는 말이 많지만, 결국 학문에 따라 다를 뿐이지
다 비슷한 거였네요. 다른 분류도 있나요?

변수를 데이터의 형태에 따라 범주형과 수치형으로 나눌 수도 있습니
다. 범주형 변수를 질적 변수라고 하고, 수치형 변수를 양적 변수라고
합니다. 범주형 변수에는 이름이나 지역 같은 것이 있고요. 수치형 변
수에는 나이나 온도 같은 것이 있어요.

논문이나 학회 발표를 보면 '질적 분석을 했다', '양적 분석을 했다'라는 말이 있더라고요. 그럼 질적 분석은 범주형 결과를 내는 것이고, 양적 분석은 수치형 결과를 내는 것인가요?

그건 아니에요. 양적 분석을 했다는 말은 정량적 분석을 했다는 뜻입니다. 질적 분석은 정량적 분석이 아니라 문헌 연구, 법이나 제도에 관한 연구, 전문가의 의견을 듣는 델파이 기법 등을 사용한 연구를 말합니다.

비슷한 용어가 많아서 정말 헷갈리네요. 왜 이렇게 된 거죠?

다양한 학문 분야에서 용어를 자기만의 방식과 해석으로 설명하기 때문이에요. 사실 다들 같은 것을 얘기하고 있지만, 다른 용어를 사용함으로써 비전문가의 접근을 어렵게 만들죠. 학문 간 폐쇄성도 한 요인으로 작용합니다. 세상에 수많은 언어가 존재하는 것과 비슷해요.

용어 정리만 잘해도 데이터 분석을 이해하기가 쉽겠네요. 그러면 상관관계, 인과관계 말고도 어떤 관계가 또 있나요?

맞습니다. 데이터 분석에서는 인과관계뿐 아니라 상관관계, 독립관계, 쌍방향적 인과관계, 조절관계, 매개관계 등 다양한 변수 간 관계가 존재합니다. 이 중에서 반드시 알아야 할 것은 인과관계와 상관관계입니다. 데이터 분석에서는 이 둘을 구분하는 것이 매우 중요해요. 예를 들어 데이터 분석 결과를 보니 에어컨 판매량과 휴가자 수가 비례한다고 가정해보죠. 그러면 여름에 직원이 휴가를 많이 가면 에어컨 판매량이 늘어난다고 언뜻 해석할 수도 있겠죠? 하지만 사실은 날씨가 더워져서 에어컨 판매량과 휴가자 수가 동시에 증가하는 것입니다. 이때 에어컨 판매량과 휴가자 수는 상관관계는 있지만, 인과관계가 있다고 볼 수는 없어요.

상관관계라는 말은 한 변수의 값이 증가할 때 다른 변수의 값이 증가하는 경우를 말하는 건가요?

그런 정비례의 상관관계도 있지만, 하나가 증가하면 다른 하나가 감소하는 반비례의 상관관계도 있습니다. 즉 두 변수가 정비례나 반비례 관계에 있으면 서로 선형 상관관계가 있다고 얘기합니다.

그럼 결국 상관관계 안에 인과관계가 포함되어 있는 거네요?

그렇죠. 두 변수 간에 상관관계가 있으면 그중 일부는 인과관계가 성립할 수 있죠. 그래서 많은 사람들이 상관관계가 있는 경우 인과관계가 있다고 오해하곤 합니다. '까마귀 날자 배 떨어진다'는 속담이 있죠. 아무 관계 없이 동시에 일어난 일에 대하여 어떤 관계라도 있는 듯 의심하는 겁니다. 특히 비즈니스에서는 인과관계가 없는데 있다고 몰아가는 일이 종종 있어요. 힘 있는 상사가 인과관계가 없는데도 있다고 우기면 아랫사람은 군말 없이 받아들이곤 하죠.

하하하, 실제로 그런 일이 많죠. 그런데 데이터 분석에서는
상관관계를 어떻게 알아내나요?

우리가 이전에 선형 회귀를 한 걸 생각해보죠. 독립변수와 종속변수가 선형관계에 있다는 건 잘 아실 겁니다. 그런데 선형 회귀를 할 때 중요한 가정이 하나 있습니다. 독립변수가 2개 이상일 경우 독립변수 사이에 선형 상관관계가 존재하지 않아야 한다는 겁니다.

두 독립변수 사이에 선형 상관관계가 존재하지 않는다는 것은 두 독립변수가 서로 정비례하거나 반비례하는 관계가 아니라는 뜻입니다. 데이터가 존재하는 패턴이 일정하지 않아서 직선을 그을 수 없는 경우죠. 이때 상관계수를 산출하면 0에 가깝게 나옵니다. 반대로 두 독립변수 사이에 선형 상관관계가 있다면 두 변수가 정비례하거나 반비례한다는 뜻이겠죠. 이때 상관계수는 1 또는 -1에 가까운 숫자가 나옵니다.

상관계수를 구하는 방법은 여러 가지가 있는데요. 상관 분석을 하면 다음 표(73쪽 하단)가 나옵니다. 표를 잘 보면 X_1과 X_2를 교차표 형태로 배치한 걸 알 수 있는데요. X_1과 X_1, X_2와 X_2의 상관계수는 당연히 1이겠죠. 따라서 X_1행과 X_2열이 만나는 셀 하나만 보면 됩니다.

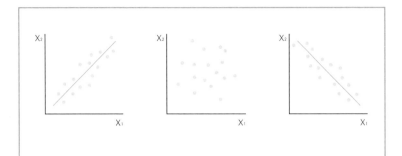

왼쪽부터 상관계수가 1에 가까울 때, 상관계수가 0에 가까울 때,
상관계수가 −1에 가까울 때를 표현한다.

	X_1	X_2
X_1	1.00000	0.84394 < .0001
X_2	0.84394 < .0001	1.00000

0.84394가 보이네요.

이 정도면 1에 가까우니까 상관관계가 있다고 볼 수 있겠군요?

　　맞아요. 보통 상관계수의 절댓값이 0.7보다 크면 강한 상관관계가 있

다고 보고, 0.3보다 크면 약한 상관관계가 있다고 봅니다. 상관계수

가 0.3보다 작으면 일반적으로 상관관계가 없다고 해석합니다.

그런데 값 밑에 <0.0001이 있는데요.
이건 앞에서 봤던 p-value인가요?

　　네. 맞습니다. 상관 분석에서도 역시 p-value가 0.05보다 작은지 여
　　부를 확인해야 합니다. p-value가 0.05보다 크다면 데이터 분석 결과
　　를 받아들일 수 없겠죠. 결과가 통계적으로 유의하지 않으니까요.
　　한 가지 더 말씀드리자면, 상관 분석을 할 때 상관계수만 보면 안 됩
　　니다. 반드시 그림을 그려서 같이 봐야 해요. 왜냐하면 상관 분석은
　　기울기를 표현하지 못해요. 다음 그림을 보죠. 두 독립변수 사이에 기
　　울기가 달라도 상관계수는 모두 1이나 -1로 나올 수 있습니다.

상관 분석만으로는 뭔가 부족하다는 느낌이 드네요.

　　그렇죠. 이번에는 제가 퀴즈를 낼게요. 다음과 같은 분포가 있을 때
　　각각의 상관계수는 얼마가 될까요?

음… 애매하네요. 이럴 때는 0.5 정도로 나오지 않을까요?

땡, 이 그림의 상관계수는 모두 0입니다.

네? 한눈에 봐도 패턴이 다 다른데요? 그래도 상관계수가 0이라고요?

네, 상관계수는 두 변수 간 선형 상관 분석의 값을 보여주는데, 이 그림에서 보이는 분포는 선형 상관관계가 아니어서 패턴이 있음에도 상관계수가 0으로 계산됩니다. 즉 비선형 상관관계가 있는 거죠. 그래서 데이터 분석을 할 때는 통계치만 볼 것이 아니라 반드시 그림을 그려봐야 합니다.

그럼 이렇게 비선형 상관관계가 있을 때는 어떻게 해야 하나요?
선형 상관관계로 바꿔야 해석이 쉬워질 것 같은데요?

네. 맞습니다. 팀장님이 데이터 분석가에게 데이터를 가공해서 비선형 상관관계를 선형 상관관계로 바꾸라고 지시하면 됩니다. 데이터 분석가가 값에 루트를 씌우든 로그를 붙이든 알아서 할 겁니다.
그런데 추론이 아니라 예측 문제를 풀 때는 결과만 정확하면 되니 문제의 풀이 과정이 복잡해도 상관없습니다. 그때는 비선형으로 관계를 표현해도 무방합니다. 심지어 수식으로 표현이 안 되더라도 상관없어요. 딥 러닝 과정을 보면 사람의 머리로는 도저히 이해할 수 없거든요.

예측이 아니라 추론을 할 때는 그림을 꼭 그려봐야 한다는 말씀이군요.

맞습니다. 안 그러면 독립변수 간에 선형 상관관계가 있는 것을 발견하지 못해서 결과를 제대로 추론할 수 없는 경우가 생깁니다. 예를 들어 매출에 영향을 주는 요인을 분석할 때 매장 크기, 창고 너비, 화장실 면적, 주차장 면수와 같은 데이터가 있다면 이들은 모두 상관관계를 가지고 있을 가능성이 높죠. 이럴 경우 이 중에서 상대적으로 중요성이 떨어지는 화장실 면적이나 창고 너비 같은 변수를 제외하는 것이 좋습니다.

이와 같이 독립변수 간에 선형 상관관계가 존재하는 경우 다중공선성 Multicollinearity이 있다고 얘기합니다. 다중(多重)은 독립변수가 2개 이상일 때 쓰는 말이라고 했죠. 공선(共線)은 선이 하나라는 뜻입니다. 즉 독립변수가 같은 선을 지난다고 생각하면 됩니다.

다중공선성이 있으면 독립변수 간에 선형 상관관계가 있어서 회귀계수의 분산이 커집니다. 분석 결과가 불안정하게 되어 분석의 효과성이 감소하는 문제가 발생하죠. 이 문제를 파악하려면 산점도를 그려야 합니다. 원래 데이터 분석을 하기 전에 변수 간 관계를 산점도를 통해 눈으로 파악해야 해요.

산점도 행렬

데이터 분석을 하려면 먼저 변수 간 관계를 산점도로 확인해야 한다.

산점도를 보는 법은 간단합니다. 변수 간 관계를 보는 것이기 때문에 오른쪽 위로 절반만 보면 됩니다. 왼쪽 위에서 오른쪽 아래로 대각선 방향에 있는 그림은 히스토그램인데요. 다음에 기회가 되면 자세히 설명해드리죠.

그림을 보니 대부분의 변수 사이에 선형 상관관계가 있는 것 같은데요. 독립변수 X와 종속변수 Y 사이에도 상관관계가 있네요. 이건 좋은 거잖아요.

그렇죠. 독립변수와 종속변수의 관계가 선형관계라는 것이 보이죠? 그럼 이 문제를 선형 회귀로 푼다면 해결 가능성이 높다는 것을 알 수 있어요. 그런데 독립변수 간에도 다 선형관계가 존재하는 것 같네요. 더욱 구체적인 판단을 위해 회귀 분석 과정에서 분산팽창요인Variance Inflation Factor; VIF 을 추가합니다. 일반적으로 분산팽창요인이 10보다 크면 다중공선성 문제가 있다고 봅니다. 다음 표를 보면 맨 오른쪽에 Variance Inflation 값이 보이죠. VIF가 다 10이 넘네요.

그렇다고 한 번에 변수를 빼는 것은 아닙니다. 일단 중요하지 않은 독립변수를 하나씩 빼면서 다시 계산하고, 다중공선성 문제를 확인해야 합니다. 중요하지 않은 변수가 무엇인지는 현업 부서와 데이터 분석가가 논의해서 결정해야 합니다. 물론 소프트웨어에서 자동으로 변수를 뺄 수도 있지만요.

Parameter Estimates						
Variable	DF	Parameter Estimate	Standard Error	t Value	Pr > |t|	Variance Inflation
Intercept	1	2.93889	0.31191	9.42	<.0001	0
X_1	1	2.40576	0.00139	32.81	<.0001	217.32343
X_2	1	0.50153	0.00861	21.89	<.0001	15.43566
X_3	1	1.00104	0.00587	4.36	0.0057	224.34346
X_4	1	0.79816	0.15094	5.29	<.0001	245.23235

이제야 좀 이해가 되네요.

그러고 보니 저는 참 겁도 없이 데이터 분석에 덤볐네요.

그래도 이제 좀 감이 잡히고 자신감도 생깁니다.

다 황보 교수 덕입니다. 고맙습니다.

    황보 교수의 도움을 받은 김 팀장은 본부 팀장회의에서 이전에 나왔던 질문에 자신 있게 대답했다. 지난주만 해도 의심스러운 눈초리로 김 팀장을 쳐다봤던 부서장들이 이제는 두 눈을 말똥말똥 뜨고 김 팀장 말에 귀를 기울였다. 김 팀장 말 한마디 한마디를 메모하는 팀장도 있었다.

    김 팀장의 발표와 질의응답이 끝나자 회의실에는 알 수 없는 정적이 흘렀다. 김 팀장은 더 질문이 있으면 하라고 했지만 다들 김 팀장의 말을 메모한 노트를 보며 뭔가 깨달은 듯 궁리를 하고 있었다. 본부장이 한마디 했다.

    "김 팀장, 잘 들었어요. 데이터를 기반으로 매출을 추론하는 첫 임무를 잘 수행했습니다. 사실 나도 이번에 본사에서 데이터를 기반으로 의사결정을 하라고 지침을 받은 터라 고민이 많았어요. 사실 데이터 분석을 전공하지 않은 김 팀장에게 무리한 지시를 한 게 아닌가 싶기도 했습니다. 그런데 이렇게 잘 해내는 것을 보니 여기 모인 우리도 모두 데이터로 결정하고 지시하고 보고할 수 있겠다는 확신이 드네요. 이번 기회에 다들 김 팀장을 본받아서 데이터로 일하는 문화를 만들어봅시다. 김 팀장, 아주 수고했어요."

"네. 전부 황보 교수 덕… 아니 본부장님과 여기 계신 부서장님들 덕분입니다."

김 팀장은 하마터면 황보 교수 얘기를 할 뻔했지만, 아무도 눈치챈 사람은 없는 듯했다. 김 팀장은 다행이다 생각하며 미소를 머금었다.

2 ADVANCED

심화 | 다른 부서의 데이터 문제를 해결하다

6

로지스틱 회귀

고객 재구매 여부가 마이너스로
나오는 게 말이 됩니까?

서초지점

김 팀장은 오후에 지점 투어가 있어서 서둘러 가방을 싸서 사무실을 나왔다. 먼저 방배지점에 들러 영업 현황을 점검하고 나서 서초지점에 도착했다. 그런데 서초지점장이 평소와 달리 문 앞까지 나오더니 명절에 고향에 내려온 자식 맞이하듯 김 팀장을 반기는 것이 아닌가. 김 팀장은 적잖이 당황했다.

"어, 어, 점장님, 왜 이러세요? 저한테 뭐 잘못한 거 있으세요?"

"아이고 김 팀장님은 무슨 그런 섭섭한 말씀을 하십니까? 제가 김 팀장님을 오랜만에 보니 반가워서 그러죠. 어서 들어오세요. 제가 맛있는 커피 대접할게요."

서초지점장은 김 팀장 팔을 붙잡고 지점장실로 끌고 가다시피 했다. 김 팀장은 지점장이 뭔가 잘못한 게 틀림없다고 생각했다. 지점장이 커피를 가져오자 김 팀장이 물었다.

"점장님, 어서 얘기하세요. 뭐 잘못하셨어요?"

"아이고, 김 팀장님도 참···. 제가 솔직히 얘기할게요. 대신 다른 데 가서 얘기하시면 안 됩니다. 아시죠?"

"그런 건 걱정 마세요. 제가 또 입이 무겁기로 유명하잖아요."

"솔직히 제가 이러는 데는 김 팀장님 탓도 좀 있습니다."

"아니 제 탓이라니요?"

"김 팀장님이 지난주 본부 팀장회의에서 데이터 분석 발표하셨죠?"

"네, 했죠."

"그 회의에 마케팅실장님이 참석하셨잖아요. 그날 마케팅실장님이 김 팀장님이 데이터 분석한 걸 보고 깜짝 놀라셨나 봐요. 회의 끝나고 저희 매장 마케팅 건으로 들르시더니 저더러 데이터 분석을 하라는 겁니다. 그래서 '제가 어떻게 하면 됩니까' 물으니 기획팀 박 대리한테 데이터를 주고 해달라고 하면 된다는 거예요. 마침 저희가 지금 기존 구매 고객의 재구매율을 높이려고 이벤트를 준비 중이거든요. 이 이벤트 기획을 데이터 기반으로 해야 마케팅 비용을 결재해주겠다는 겁니다."

김 팀장은 깜짝 놀랐다. 지난주 본부 팀장회의 때 참석한 마케팅실장은 매장 매출에는 지점 위치와 상권이 중요하다면서 좀 떨떠름한 표정을 지었다. 김 팀장 얘기가 무언가 마음에 안 들고, 굳이 데이터를 분석해서 해야 하냐는 표정이었다. 그런데 정작 뒤로는 자기도 데이터를 분석해서 보고하고 싶었던 모양이다.

"점장님. 그건 제가 잘못한 게 아니라… 아, 뭐 이건 됐고요. 아무튼 데이터를 분석해서 재구매율을 뽑았겠네요? 마케팅실장님께는 보고하셨나요?"

"팀장님. 제 말 좀 들어보세요. 제가 보고를 할 수가 없어요. 여기 분석 결과 좀 보세요."

서초지점장은 자기 노트북 화면을 김 팀장에게 보여주었다.

"여기 보면 데이터 분석 결과라고 해서 식이 하나 있어요. 이게 회귀식인가 뭔가 하는 거잖아요."

김 팀장이 서초지점장 노트북 화면을 보니 과연 회귀식이 하나 적혀 있었다.

재구매율 = 0.2 × 소득수준(억 원) − 0.2

"아시다시피 저희 매장 고객 중에는 이 지역 대기업 본사 직원들이 많아요. 회사명과 직급만 알면 그 고객의 연봉이 얼마인지 대충 알거든요. 그래서 제가 소득수준에 따라 재구매율이 어떻게 되는지 박 대리한테 분석해달라고 부탁했더니 이렇게 해온 거예요."

"네…."

김 팀장 눈에는 딱히 잘못된 것이 없어 보였다. 소득수준이 높을수록 재구매율이 커지는 건 이 업계에서 정설이다. 뭐가 잘못됐다는 것일까? 서초지점장이 바로 말을 이어갔다.

"이게 말이 되냐고요. 잘 보세요. 소득수준이 1억 원인 고객이 있다고 해보죠. 그럼 0.2에 1억 원을 곱하면 0.2×1이잖아요. 그럼 0.2죠. 여기에 −0.2가 있으니 0.2를 빼면 얼마예요? 재구매율이 0%죠?"

"음… 그렇죠. 0.2 곱하기 1에 빼기 0.2니까… 0이죠."

"이따위 결과가 도대체 어딨습니까? 아니 그럼 소득수준이 0.5억 원인 고객이 있으면, 0.2에 0.5를 곱하니 0.1이 되죠. 여기에 0.2를 빼면 얼마가 됩니까? 마이너스 0.1이 되죠? 그럼 재구매율이 마이너스 10%란 말이잖아요. 아니 세상에, 재구매율이 마이너스가 나오는 게 말이 됩니까?"

"음… 말이 안 되긴 하죠."

"반대도 그래요. 소득수준이 10억 원이라고 해보세요. 0.2에 10을 곱하면 2잖아요. 여기에 0.2를 빼면 1.8이 나오죠. 그러면 뭐예요? 재구매율이 180%란 뜻이잖아요. 이게 말이 됩니까? 아니, 상식적으로 재구매 확률이란 것이 0에서 100% 사이로 나와야 하잖아요. 이게 180%면, 이전에 1000만 원짜리 TV를 산 사람이 재구매를 할 때 1800만 원짜리 TV를 산다는 말인가요? 완전히 말이 안 되죠."

김 팀장은 슬슬 머리가 복잡해지기 시작했다. 결괏값이 0보다 작거나 1보다 큰 값이 나오는 걸 보니, 데이터 분석을 잘못한 것 같긴 했다. 그렇다고 정확히 뭐가 잘못되었는지, 그래서 뭘 어떻게 해야 하는지 알 수 없으니 답답했다. 게다가 서초지점장은 자기를 좀 살려달라는 애처로운 눈빛으로 김 팀장을 쳐다보고 있었다.

"박 대리는 뭐라고 하던가요?"

"박 대리는 본인도 대학에서 데이터 분석과 관련한 프로그래밍을 조금 해본 게 다라서 더 이상은 잘 모르겠다고 못 도와준다고 하네요. 아무튼 김 팀장님이 우리 회사에서 가장 전문가 아닙니까? 보면 딱 아시잖아요? 얼른 말씀 좀 해주세요. 제가 오죽하면 이러겠습니까?"

김 팀장은 곤란해졌다. 여기서 괜히 잘 모르면서 얘기했다가 나중에 들통이라도 나면 체면을 구길 터였다. 그때 묘수가 생겼다.

"아, 이건 설명해드리자면 내용이 좀 길어요. 일단 제가 사당지점에 가서 급한 볼일을 좀 보고 다시 들를게요. 이따 알려드려도 되죠? 지금은 좀 급해서…."

김 팀장은 남은 커피를 후다닥 마시고 서초지점을 빠져나왔다. 그러고는 사당지점으로 가지 않고 근처 주차장에 차를 세워 황보 교수에게 전화했다.

황보 교수, 지금 통화 가능해요?
우리 지난번에 마케팅실장 얘기했잖아요. 그분이 서초지점장한테
기존 구매 고객이 재구매를 할지, 안 할지 데이터로 분석해서 보고해야
마케팅 비용을 결재해주겠다고 했나 봐요.

마케팅실장이라면… 부촌에 매장을 열어야 매출이 높아진다고 했던
분이죠?

네, 맞아요. 그분이요. 서초지점장이 그 지시를 듣고
기획팀 박 대리한테 과거 1년 동안의 재구매 고객 데이터를 주고
분석해달라고 했나 봐요. 그래서 결과가 나왔는데,
음… 잠시만요. 이걸 전화로 할 게 아니라 화상회의로 해야겠어요.
제가 바로 화상회의에 초대할 테니 들어오세요.

네.

이제 얼굴이 보이네요. 제가 방금 전에 서초지점장이 보여준 화면을
스마트폰으로 찍었거든요. 그걸 화면 공유할게요. 자, 보이시죠?

네, 잘 보입니다. 이건 선형 회귀식이네요. 고객 재구매율을 선형 회
귀로 분석했네요.

재구매율 = 0.2 × 소득수준(억 원) − 0.2

네. 저도 이제 이런 결과식을 해석할 수 있잖아요.

그런데 서초지점장이 말하길, 분석 결과가 이상하다는 거예요.

보세요. 이 식대로 하면 소득수준이 1억 원 미만인 고객의 재구매율은

무조건 0보다 작아져서 마이너스가 돼요. 또, 소득수준이 6억 원을

초과하면 재구매율은 100%를 넘어가게 되고요.

저도 듣고 보니 이건 좀 말이 안 돼요. 재구매율이 어떻게 0보다 작고

100보다 많을 수 있죠? 현실에서 재구매율은 무조건 0과 1 사이,

즉 0%와 100% 사이에 존재해야 하잖아요.

네. 확실히 잘못한 게 맞네요. 고객 재구매 여부는 회귀로 풀 게 아니
라 분류로 풀어야 하는데 말이죠.

네? 회귀가 아니라 분류로 풀어야 한다고요?

그러면 분석 방법 자체를 잘못 선택했다는 건가요?

　　네, 맞아요. 분석 방법을 잘못 선택했습니다. 이제 김 팀장도 다양한 데이터 분석 방법을 알 때가 되었네요. 제가 찬찬히 설명해드릴게요.

　　원인과 결과 간 관계를 분석하는 방법에는 회귀와 분류가 있어요. 회귀는 결과가 수치로 나와요. 정수 1, 2, 3으로 나오거나 음수, 분수, 소수처럼 수치형으로 나오죠. 그런데 우편번호나 내신등급 같은 것은 어때요? 이런 것도 숫자라고 볼 수 있나요?

우편번호는 18418, 내신등급은 1등급, 2등급….

숫자로 표현되기는 하는데 우리가 생각하는 숫자는 아닌 것 같아요.

어떤 영역을 분류하거나, 순위를 매긴 것 아닌가요?

　　역시 김 팀장은 감각이 있어요. 많은 사람들이 우편번호나 내신등급이 숫자로 나오니까 수치형인 줄 알지만 이런 것들은 수치형이 아니라 범주형입니다. 우편번호처럼 특정 지역의 이름을 숫자로 대치하거나(명목척도), 순위나 서열을 표시하기 위해 숫자를 사용하는 것(순위척도)이죠. 결과는 숫자처럼 보이지만 범주를 뜻합니다.

　　재구매 여부도 숫자로 보이지만 범주예요. 재구매란 것이 현실에서는 '재구매한다'와 '재구매하지 않는다' 두 가지 경우밖에 없잖아요. 다만 그 결과를 딱 부러지게 알 수 없으니까 재구매 확률로 보여주는 것입니다. 그래서 이런 범주형 문제는 회귀 방법론으로 풀면 안 되고 분류 방법론으로 풀어야 합니다.

회귀 분석 방법과 분류 분석 방법을 쓸 때가 다르다는 말씀이네요?

네. 결괏값이 수치형으로 나오는 경우에는 회귀 방법론을 사용해요. 회귀 방법론에는 t-검정 t-test, 분산 분석, 선형 회귀 Linear Regression 등이 있어요. 우리가 지난번에 신규 매장 매출을 추론했던 것 그리고 박 대리가 서초지점 고객의 재구매율을 분석한 것은 모두 선형 회귀를 사용한 겁니다.

이런 걸 다 알면 좋겠지만, 김 팀장처럼 중간 관리자라면 선형 회귀 정도만 알아도 무난합니다. 여러 회귀 방법론 중에 선형 회귀가 가장 많이 사용되기 때문이에요. 비유하자면 선형 회귀가 회귀 방법론의 국가대표쯤 됩니다. t-검정, 분산 분석은 회귀 분석의 일종이라고 보면 되고요.

회귀 방법론은 선형 회귀만 잘 알면 된다는 말이군요.
결괏값이 범주형으로 나오는 분류 방법론에는 어떤 것이 있나요?

결괏값이 범주형으로 나오는 경우에 사용하는 분류 방법론도 여러 가지가 있습니다. 로지스틱 회귀 Logistic Regression, 판별 분석 Discriminant Analysis, 서포트 벡터 머신 Support Vector Machine, 의사결정나무 Decision Tree, k-최근접 이웃*k-Nearest Neighbors* 등이 있어요.

분류 방법론도 종류가 많네요. 하지만 여기서도 국가대표 하나만
알면 되겠죠? 어떤 건가요?

꞉   분류 방법론은 회귀 방법론과는 달리 춘추전국 시대라고 볼 수 있어
요. 지금 말씀드린 다섯 가지 방법론을 두루 사용합니다. 그래서 어느
하나만 알기보다는 여러 방법론의 결과를 비교해서 가장 좋은 것을
선택할 줄 알아야 합니다. 이 얘기는 다음에 하죠.

꞉   일단, 분류 방법론 중에서 선형 회귀와 가장 비슷한 로지스틱 회귀를
설명해드릴게요. 로지스틱 회귀는 이해하기도 쉽고, 전통적으로 통계
학습에서 많이 사용하는 방법론입니다.

로지스틱 회귀라… 그런데 이름에 왜 회귀가 들어가 있어요?
분류 방법인데 이름에 회귀가 들어가니 헷갈리네요.

꞉   로지스틱 회귀에 회귀란 단어가 들어간 이유는 이 방법론이 결괏값을
회귀식으로 보여주기 때문이에요. 실제로 보시면 결과식이 선형 회귀
식과 비슷하게 나옵니다.

꞉   선형 회귀에서 결괏값이 0보다 작거나 1보다 크면 아까 서초지점장이
얘기했던 문제가 생기잖아요. 그래서 0 미만과 1 이상의 값들을 0과 1
사이에 구겨 넣을 필요가 있습니다. 그걸 가능하게 하는 수단이 로지

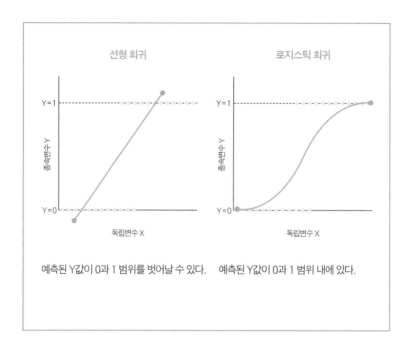

| 선형 회귀 | 로지스틱 회귀 |

예측된 Y값이 0과 1 범위를 벗어날 수 있다.   예측된 Y값이 0과 1 범위 내에 있다.

스틱 함수예요 이 로지스틱 함수를 사용해서 결괏값을 0과 1 사이로 만들어내는 분석 방법이 로지스틱 회귀입니다.

로지스틱 함수는 위 그림처럼 S자 곡선으로 생겼어요. X값이 아무리 커지거나 작아져도 Y값이 0과 1 사이에 존재하도록 만들어주는 함수입니다.

좀 더 자세한 내용은 다음 표로 설명할게요.

Analysis of Maximum Likelihood Estimates					
Parameter	DF	Estimate	Standard Error	Wald Chi-Square	Pr > ChiSq
Intercept	1	−10.6513	0.3612	869.7411	<.0001
Income	1	0.01100	0.000220	622.6244	<.0001

Odds Ratio Estimates			
Effect	Point Estimate	95% Wald Confidence Limits	
Income	1.006	1.005	1.006

음… 선형 회귀 결과랑 뭐가 다른 거죠? 똑같아 보이는데요?

— 맞습니다. 해석하는 방법도 비슷합니다. 하나만 빼고요. 분석표에서 Income의 p-value가 0.05보다 작으면 이 요인이 재구매에 유의한 영향을 미친다고 볼 수 있어요. 이건 앞에서 살펴봤던 선형 회귀의 결과를 해석하는 방식과 동일합니다. 여기에 Income의 결정계수 0.01100이 보이죠? 이것도 선형 회귀의 결과를 해석할 때와 비슷합니다.

그러면 선형 회귀랑 로지스틱 회귀의 차이는 없는 건가요?

— 차이는 이제부터예요. 결과식을 보죠. 선형 회귀식은 'Y = aX + b'와 같은 일차방정식 형태로 나옵니다. 간단하고 익숙한 식이죠?

선형 회귀식 $Y = aX + b$

그런데 로지스틱 회귀식은 다음과 같이 나와요.

로지스틱 회귀식 $\ln(Y / (1-Y)) = aX + b$

아니 이게 뭔가요? Y값을 구해야 하는데 Y값을 구할 수가…
없지 않나요?

맞아요. 그래서 해석에 주의해야 합니다. 실제 회귀식은 다음과 같이
나와요.

$$\hat{p}(X) = \frac{e^{\hat{\beta}_0 + \hat{\beta}_1 X}}{1 + e^{\hat{\beta}_0 + \hat{\beta}_1 X}} = \frac{e^{-10.6513 + 0.0110 \times 1000}}{1 + e^{-10.6513 + 0.0110 \times 1000}} = 0.586$$

여기서 $\hat{p}(X)$를 Y, 즉 결괏값이라고 생각하면 됩니다. 여기에 0.0110
이라는 숫자 찾으셨나요? 이것이 Income, 즉 소득수준이라는 요인입
니다. 독립변수의 결정계수죠. 앞 표에서 봤죠? 그리고 숫자 1000이
보이죠? 이것은 소득수준이 1억 원인 고객을 의미합니다. 소득수준이
1억 원인 고객의 재구매율이 0.586, 즉 58.6%라는 뜻이죠.

아하, 그렇군요. 식은 복잡하지만 읽는 데는 무리가 없네요.

그러면 거꾸로도 알 수 있겠어요. 재구매율이 50%인 고객의 소득수준은 얼마다, 이렇게요.

당연하죠. 재구매 확률이 얼마 이상인 고객의 소득수준은 얼마인가 하는 문제도 풀 수 있고요. 소득수준이 얼마 늘어날 때 재구매율이 몇 % 늘어난다는 것도 산출할 수 있죠.

과거에 우리 제품을 많이 산 사람을 VIP 고객으로 정하는데요.

지금처럼 이렇게 데이터를 분석하면 앞으로 많이 살 사람,

즉 재구매율이 높은 사람을 VIP 고객으로 정할 수도 있겠네요.

이렇게 하면 매출을 훨씬 더 높일 수 있겠는데요?

맞습니다. 데이터를 활용해 업무를 개선하고 성과를 촉진할 수 있죠. 과거에 제품을 많이 산 고객에게는 감사를 전하고, 앞으로 많이 살 고객에게는 새로운 제품 정보를 주거나 재구매를 촉진하는 이벤트를 해야 합니다. 예를 들어 재구매율이 70% 이상인 고객은 영업사원이 직접 만나서 10만 원 정액 할인 쿠폰을 제공하고, 30% 미만 고객은 문자로 5% 정률 할인 쿠폰을 보낼 수 있겠죠.

이런 게 바로 데이터로 하는 의사결정이군요.

그런데 방금 70%와 30%로 나누어 말씀하셨는데요.

이런 기준이 정해져 있나요? 그러니까 '50% 이상이면 재구매한다',

'50% 미만이면 재구매하지 않는다'라는 식으로요.

일반적으로 50%를 기준으로 재구매 여부를 나눌 수 있겠죠. 이때 그 기준을 임계값Cut-off Value이라고 합니다. 고객 재구매율 같은 경우에는 50%를 임계값으로 정해도 무방합니다.

그런데 50%라는 기준은 절대적인 값이 아니에요. 예를 들어 비용이 거의 안 드는 정률 쿠폰, 그러니까 100만 원 이상 구매하면 5%를 할인해주는 쿠폰을 문자 메시지로 보낸다고 해보죠. 그럼 누구한테 보내면 좋을까요? 재구매율 50% 이상 고객? 10% 이상 고객?

재구매할 것으로 생각되는 사람, 즉 재구매율 50% 이상에게 보내야

하지 않나요?

아니죠. 모든 고객에게 보내야죠. 생각해보세요. 문자 메시지를 보내는 비용이 얼마인가요? 한 사람당 30원도 안 합니다. 비용이 적게 발생하는 프로모션은 모든 고객을 대상으로 하는 것이 좋습니다.

하지만 고객에게 고가의 선물을 준다고 할 때는 비용이 얼마인지에 따라 대상을 정해야겠죠. 이때는 재구매 확률을 50% 이상, 70% 이상, 또는 90% 이상 등으로 나누어야 하죠. 즉, 비용 대비 효과를 생각

해서 적정선을 찾아야 합니다.

효율적인 프로모션을 하려면 적정선을 판단해야 하는군요. 그렇다면 예를 들어 재구매 확률이 50% 미만인 고객이 있어요. 이들 고객의 재구매율을 높이려고 쿠폰을 집으로 보내는 프로모션을 하려고 합니다. 이 프로모션을 통해 재구매율이 얼마나 높아지는지도 알 수 있나요?

데이터가 있으면 당연히 알 수 있죠. 쿠폰을 보내기 전과 보낸 후 해당 고객의 구매 데이터가 있으면요. 그런데 지금은 쿠폰을 보낸 뒤의 데이터가 없죠.

일부에게만 쿠폰을 보내고, 그 결과를 분석해도 되지 않을까요?

그건 어려울 것 같아요. 왜냐하면 데이터 양이 충분하지 않아요. 해당 고객 수가 100만 명 정도 되면 모르겠지만, 많아도 몇만 명일 거잖아요. 거기서 10%에게 보낸다고 해도 겨우 몇천 명일 테고요.

사실 전수 조사를 하면 좋지만 김 팀장님 회사 같은 오프라인 업종에서는 전체 고객에 대하여 전수 조사를 하는 건 비효율적이죠. 이런 경우에는 해당 고객 일부를 표본으로 선정해서 설문조사를 해보는 것도 좋습니다. 어떤 고객에게 어떤 쿠폰을 주면 제품을 다시 구매할지 설문조사를 하는 거죠.

앗, 잠시만요. 서초지점장이 자꾸 전화를 하네요.

일단 여기까지 제가 서초지점장에게 얘기해보겠습니다.

오늘도 바쁜데 도움 주셔서 고맙습니다.

세 줄 정리

- 원인과 결과 간 관계를 분석하는 방법에는 회귀와 분류가 있다.

- 결괏값이 수치형으로 나올 때는 회귀 방법론을 사용한다. 회귀 방법론에는 t-검정, 분산 분석, 선형 회귀 등이 있으며, 선형 회귀가 대표적인 방법론이다.

- 결괏값이 범주형으로 나올 때는 분류 방법론을 사용한다. 분류 방법론에는 로지스틱 회귀, 판별 분석, 서포트 벡터 머신, 의사결정나무, k-최근접 이웃 등이 있으며, 다양한 방법론을 비교하여 최선의 방법론을 선택한다.

김 팀장은 서초지점에 다시 들러 지점장을 찾았다. 김 팀장을 기다리고 있던 서초지점장은 자리에 앉지도 않고 설명을 독촉했다. 김 팀장이 선형 회귀와 로지스틱 회귀의 차이를 알려주자, 지점장은 그제서야 안심이 되는지 소파에 털썩 기대앉았다.

"아이고, 김 팀장님 덕분에 살았습니다. 아니지, 김 팀장님 때문에 죽다가 살아났네요. 사실 저희처럼 현장에서 영업하는 사람들이 데이터 분석이니 빅데이터니 인공지능이니 하는 걸 어떻게 알겠습니까? 요즘 그게 핫하다는 건 알지만, 실제로 써먹는 건 또 다른 얘기잖아요. 아니 말이 나왔으니 하는 말인데요. 데이터 분석이란 게 마케팅에서나 쓰는 거잖아요. 우리도 데이터 분석을 알아야 합니까?"

김 팀장은 서초지점장의 얼굴을 빤히 쳐다보았다. 그러다 문득 그의 얼굴에서 몇 주 전 본부장에게 데이터 분석을 지시받던 자신의 표정이 보였다. 김 팀장도 몇 주 전만 해도 서초지점장과 같은 생각이었다. 그런데 막상 데이터 분석을 이해하고 사용해보니 예상외로 쓸모가 많고, 또 여러 사람들이 데이터 분석에 관심을 갖고 있다는 것을 알게 되었다. 그렇다고 해서 서초지점장에게 당장 데이터 분석으로 의사결정을 하라는 얘기는 하기 어려웠다. 김 팀장은 턱을 쓰다듬으며 말했다.

"지점장님. 저도 데이터 분석을 시작한 지 겨우 몇 주밖에 안 됐습니다. 그래서 무어라 말씀드리기 어렵긴 한데요. 저는 데이터 분석을 공부해보려고요. 요즘 트렌드도 그렇고, 회사 분위기도 점점 데이터를 기반으로 지시하고 보고하는 쪽으로 옮겨가는 것 같습니다. 우리 팀장들이 이제 와서 뭘 배우기가 어렵긴 합니다. 그래도 어쩌겠습니까? 모든 산업이 데이터로 움직이기 시작했고, 회사가 가고자 하는 방향도 이제는 데이터 기반으로 의사결정이 내려지니까요. 지점장님도 '데이터는 모른다, 난 못한다' 이렇게 생각하지 마시고 일단 관심을 가져보세요. 잘 모르겠더라도 일단 공부하는 척이라도 해보세요. 그게 우리처럼 월급 받는 직장인의 도리죠, 뭐."

"어휴, 김 팀장님 말씀이 일리가 있네요. 일단은 위에서 관심을 가지니 해봐야죠. 아무튼 고맙습니다. 김 팀장님이 데이터 분석으로 현업의 고민을 해결해주시니, 음… 데이터 해결사시네요."

집에 돌아와 침대에 누운 김 팀장의 머릿속엔 '데이터 해결사'라는 말이 계속 떠올랐다. 이제 조직에서 데이터로 문제를 해결하는 일이 많아질 것 같았다. 그러면 데이터 해결사가 오래 살아남지 않을까? 또 데이터 해결사에게 해결을 요청하는 사람도 많아지지 않을까? 내일은 또 어떤 사람들이 데이터로 문제를 해결해달라고 요청할까? 나는 그들의 문제를 데이터 분석으로 잘 해결해줄 수 있을까? 김 팀장은 입가에 미소를 지으며 단잠에 빠져들었다.

우수 직원의 특성을 분석해서
액션 플랜을 짜고 싶어요

인사총무팀

김 팀장은 아침 일찍 일어나 평소보다 빨리 출근했다. 그런데 본부 인사총무팀 홍 팀장이 김 팀장을 보더니 멀리서부터 후다닥 달려왔다.

"김 팀장님, 좋은 아침입니다. 오늘 일찍 출근하셨네요. 저랑 차 한잔하실까요?"

홍 팀장은 평소 친하게 지내는 사람은 아니었다. 김 팀장은 현장 영업팀장이고 인사총무팀은 지원조직이다 보니 인사철에 한두 번 얘기하거나, 영업사원을 채용할 때 가끔 대화하는 정도다. 그런데 오늘은 유난히 친한 척을 하니 김 팀장은 의아했다.

"네, 홍 팀장님. 안녕하세요."

"김 팀장님, 요즘 바쁘시죠. 본부장님이 데이터 분석 쪽으로는 김 팀장님을 아주 신뢰하시던데요."

"아이고, 홍 팀장님도 참 별 말씀을…."

"제가 그래서 좀 여쭐 게 있습니다. 저희 팀이 몇 년 전부터 우수 영업사원을 뽑아서 시상도 하고 해외 연수도 보내고 했잖아요. 얼마 전에 김 팀장님 팀에서도 한 명 선정했고요. 그래서 몇 년 치 데이터가 좀 쌓였어요. 보통 우수 사원을 선정할 때는 매출액을 기준으로 하긴 하지만, 다른 요인도 고려하죠. 그래서 고객 미팅 수, 고객 만족도, 전략 상품 판매 비중, 나이, 경력, 교육 수강 일수, 자격증, 휴가 일수, 담당 지역, 전공 등 데이터를 많이 모아났어요."

"네, 저도 저희 팀 영업사원 데이터를 조사해서 보내드린 기억이 나네요."

"네, 맞아요. 그런데 올해부터는 방식을 좀 달리하려고 합니다. 우수 영업사원을 뽑아 시상하는 것은 결과론적 접근이라는 생각이 들어서요. 오히려 우수 사원이 어떤 공통적인 특징을 갖고 있는지 파악해서 직원 채용과 교육에 활용하면 좋을 것 같아요."

"한마디로 말하자면… 우수 영업사원이 보통 영업사원보다 뛰어난 점이 무엇인지 찾아서 그걸 독려하겠다는 말씀이군요."

"네, 정확히 그겁니다. 그래서 제가 선형 회귀를 한번 써봤는데요. 선형 회귀는 원인과 결과는 명확히 보여주는데 그걸 가지고 액션 플랜을 짜기는 좀 어렵더라고요. 그래서 혹시 다른 분석 방법이 있나 싶어서요. 정확도는 좀 낮더라도 쉽고 빠른 방법이요."

"음… 이건 제가 지금 말씀드리기가 좀… 제가 오전에 급히 할 일이 있거든요. 혹시 점심시간 어떠세요? 괜찮으시다면 점심 먹으면서 편하게 얘기해드리죠."

김 팀장은 남은 차를 한 번에 들이켜고는 자리로 돌아왔다. 빨리 황보 교수에게 물어봐야 하는데 아침 이른 시간이라 좀 미안했다. 김 팀장은 일단 황보 교수에게 문자를 보냈다. 그런데 바로 화상회의가 가능하다고 회신이 왔다.

황보 교수, 아침 일찍부터 귀찮게 하네요.

_ 귀찮다니요, 저야 언제든 문제를 해결해드리면 좋죠. 이번엔 어떤 문제인가요?

이번에는 인사총무팀 홍 팀장이 요청한 건데요.

우수 영업사원의 특성을 분석해서 채용과 교육을 위한 액션 플랜을

짜고 싶어 해요. 그래서 선형 회귀를 했다는데 그걸로는 계획을 짜기

어렵다네요.

그럴 겁니다. 선형 회귀나 로지스틱 회귀는 여러 변수 간의 관계를 동시에 분석해주지만 액션 플랜을 수립하는 어떤 기준을 제시하지는 못해요.

예를 들어 매출액 1억 원 이상, 고객 만족도 4.5 이상, 고객 미팅 100회 이상인 직원에게 해외 연수를 보낸다는 식의 기준을 정해야 현장에서 액션 플랜을 세울 수 있잖아요. 이때는 선형 회귀나 로지스틱 회귀보다는 의사결정나무라는 방법론을 사용하면 좋아요.

의사결정나무요? 흔히 경영 전략에서 쓰는 디시전 트리^{Decision Tree}를

애기하는 건가요? 우리 회사도 '시나리오 경영'이라고 해서

비슷한 것을 사용하는데요.

비슷한 원리입니다. 경영 전략에서는 스토리로 풀고, 데이터 분석에서는 데이터로 푼다는 점이 다르죠. 일단 그림을 볼까요? 디시전 트리는 보통 왼쪽에서 오른쪽으로 가지가 뻗어 나가죠. 의사결정나무는 나무를 거꾸로 세운 것처럼 생겼습니다.

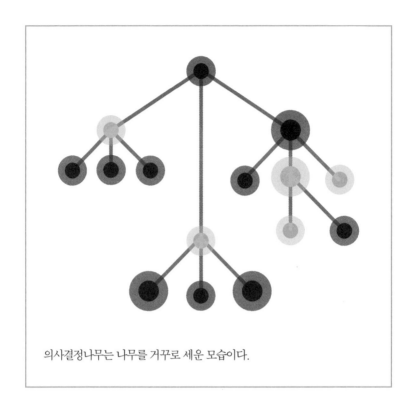

의사결정나무는 나무를 거꾸로 세운 모습이다.

의사결정나무의 장점은 두 가지입니다. 첫 번째 장점은 방금 얘기했듯이 분석 결과가 곧 액션 플랜이 된다는 겁니다. 영업사원의 실적과 특징을 나타내는 데이터를 넣어서 의사결정나무로 분석하면 다음과 같은 결과가 나옵니다.

오른쪽 그림에서 맨 위에 있는 사각형을 루트 노드 Root Node 라고 합니다. 이 뿌리에서 시작해서 의사결정나무의 분할 규칙에 의해 가지가 두 개 이상으로 뻗어 나가는 거예요.

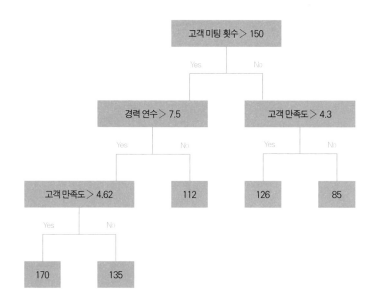

이 그림에서는 맨 먼저 고객 미팅 횟수를 기준으로 나눴네요. 150회 초과냐 이하냐로요. 고객 미팅을 150회 넘게 한 영업사원을 다시 경력으로 나눴고요. 경력 7.5년 초과와 이하로요. 또 경력 7.5년 초과를 고객 만족도로 나눴는데, 고객 만족도가 4.62를 초과한 직원의 평균 매출액이 1.7억 원이군요.

이걸 보면 영업사원의 고객 미팅 횟수, 경력, 고객 만족도를 중심으로 관리하면 된다는 결론이 나오네요.

그렇죠. 결과적으로 경력을 제외한 고객 미팅 횟수나 고객 만족도를

KPI와 같은 성과지표에 반영하면 되겠죠. 또 고객 미팅 횟수를 월 몇 회 이상 필수로 하도록 관리하면 되겠네요.

영업사원의 특성에 따른 매출액을 예측하거나, 영업사원을 분류해서 유형화할 수도 있겠는데요?

그것이 의사결정나무의 두 번째 장점입니다. 의사결정나무는 회귀 문제도 풀 수 있고 분류 문제도 풀 수 있습니다. 분류 문제를 해결하는 의사결정나무를 분류나무라고 하고, 회귀 문제를 해결하는 의사결정 나무를 회귀나무라고 합니다. 종속변수가 범주형이면 분류나무를 사용하고, 종속변수가 수치형이면 회귀나무를 사용하면 됩니다.

만능 도구 같네요. 그렇다면 단점도 있을 텐데요.

의사결정나무의 단점은 다른 방법론보다 정확도가 좀 낮다는 겁니다. 하지만 다른 방법론과 성능 격차가 크지는 않아요. 성능 격차가 일반적으로 5%를 넘지 않습니다. 5% 정도면 현업에서는 충분히 활용할 만하죠. 빨리 결정해야 하거나 분석 결과를 해석하는 방법을 잘 모를 때 의사결정나무를 쓰면 좋아요.

의사결정나무는 전통적인 통계 학습이나 기계 학습 방법론에 비해 비교적 최근에 데이터 분석 실무 관점에서 개발된 방법론입니다. 실용적이기 때문에 다른 방법론과 함께 사용하면 더 좋습니다. 사실 20년 전만 하더라도 대학교 학부 수준에서는 의사결정나무를 다루지 않았어요. 지금은 활용도가 높으니 다 가르칩니다. 제가 대학에서 처음 통계를 배울 때만 해도 계산기를 쓰지 못하게 하고 손으로 계산하도록 했죠. 통계의 기본 원리를 체감하면서 배우게 하려고요. 그런데 이제는 점점 더 실용성이 강조되어 학교에서도 소프트웨어 활용법이나 프로그래밍을 많이 가르칩니다. 방금 배운 의사결정나무가 실용성에 있어서는 대표주자라고 보면 돼요.

현업 데이터 분석의 끝판왕쯤 되는 거군요? 그러면 의사결정나무 알고리즘이 다양할 것 같은데요. 어떤 것을 선택해야 하나요?

그건 데이터 분석가가 결정하면 됩니다. 상용 소프트웨어를 사용한다면 기본값^{Default}으로 정해진 알고리즘을 사용하면 무난합니다. 의사결정나무가 아닌 다른 방법론에서도 마찬가지예요. 여러 알고리즘이나 옵션이 있을 때는, 일반적으로 소프트웨어가 기본으로 설정한 것을 선택하면 무난하게 좋은 결과를 낼 수 있어요.

김 팀장의 역할은 문제를 회귀로 풀어야 할지 분류로 풀어야 할지를 결정하는 겁니다. 종속변수를 매출액 같은 수치형으로 나오게 할 것이냐, 아니면 전공이나 지역 같은 범주형으로 나오게 할 것이냐, 이것에 따라 사용하는 방법론이 달라지니까요. 예를 들어 회귀로 풀면 맨 아래에는 수치가 나오고, 분류로 풀면 Yes와 No 같은 범주로 나오겠죠.

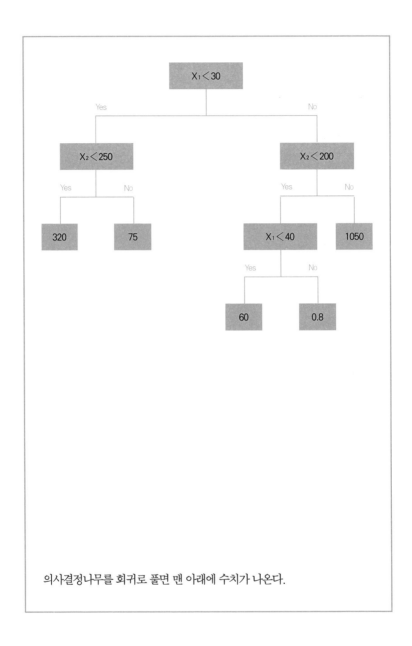

의사결정나무를 회귀로 풀면 맨 아래에 수치가 나온다.

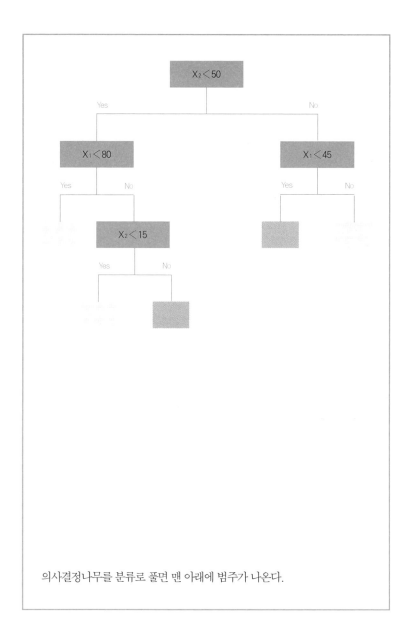

의사결정나무를 분류로 풀면 맨 아래에 범주가 나온다.

의사결정나무가 간단하면서도 막강하네요.

얼른 인사총무팀 홍 팀장에게 알려줘야겠어요. 오늘도 고맙습니다.

세 줄 정리

- 현업에서 빠르고 간단하게 액션 플랜을 수립할 때는 의사결정나무를 사용하면 좋다.

- 의사결정나무는 종속변수의 유형에 따라 분류나무와 회귀나무가 있다.

- 분류나무를 사용하면 범주 결과가 나오고, 회귀나무를 사용하면 수치 결과가 나온다.

김 팀장은 인사총무팀 홍 팀장과 점심을 먹으면서 의사결정나무를 사용하라고 얘기했다. 김 팀장의 설명을 한참 듣던 홍 팀장은 왜 그런 걸 진작 몰랐을까 하며 탄식했다.

"역시 김 팀장이십니다. 덕분에 문제를 아주 쉽게 해결할 수 있겠네요. 이런 걸 진작 알았으면 좋았을 텐데⋯. 사실 우리 팀에 데이터는 참 많은데, 이걸 분석할 역량이 부족해요. 종종 김 팀장님하고 점심 같이 먹어야겠네요. 오늘 점심은 제가 씁니다. 다음에 우수 영업사원 뽑을 때 제가 김 팀장님 팀원들 잘 봐드리죠. 하하하."

"특별한 걸 알려드린 것도 아닌데요, 뭐. 도움이 되었다니 다행입니다. 다음에 저희 팀원들 고과 좀 잘 봐주세요."

김 팀장은 '이게 바로 내부 영업이구나' 싶었다. 내부 영업이 따로 있는 게 아니다. 다른 팀장의 문제를 해결해주면 그것이 씨앗이 되어 나중에 열매로 돌려받는 것이다. 이번에 데이터 분석으로 다른 부서의 문제를 해결하니 관계를 위한 씨 뿌리기 같다는 생각이 들었다. 평소보다 점심이 더 맛있었다.

8

그룹화와 거리 측정

아마존 MD가 지난번 히트 상품과 비슷한 상품을 추천해달랍니다 해외영업본부

김 팀장은 회사 건물 입구로 들어가고 있었다. 그때 갑자기 모르는 번호로부터 전화가 왔다.

"안녕하세요. 서울남부영업본부 영업1팀장님이시죠? 저는 본사 해외영업본부에서 북미팀을 맡고 있는 이 팀장입니다. 다름이 아니고 김 팀장님이 데이터 분석을 잘하신다는 소문을 듣고, 여쭤어보고 싶은 게 있어 실례를 무릅쓰고 전화를 드렸습니다. 잠깐 통화 가능하신가요?"

김 팀장은 의아했다. 본사에 무슨 소문이 났다는 걸까? 혹시 서초지점장이 여기저기 떠들고 다녔나? 사실 황보 교수한테 하나하

심화 | 다른 부서의 데이터 문제를 해결하다

나 배우는 김 팀장으로서는 사내에 데이터 분석 전문가란 소문이
도는 게 좀 부담스럽다. 마음 한쪽에서는 인정받는다는 느낌에 기
분이 좋았지만.

"아, 네. 말씀하시죠. 제가 도움이 될 수 있으면 좋죠."

"네, 다름이 아니고요. 저희가 이번에 미국 아마존에 입점했습
니다. 그건 아시죠?"

"네, 잘 알죠. 저도 뉴스 보고 깜짝 놀랐는데요. 이 팀장님이 담
당하신 거였군요. 이번에 웹캠 하나가 대박이 났다면서요. 축하합
니다."

"네, 안 그래도 그것 때문인데요. 얼마 전에 저희가 중저가 웹캠
모델 하나를 아마존에 입점해서 판매했는데, 그 상품이 꽤 많이
팔렸어요. 그래서 아마존에서 그때 잘 팔린 모델과 유사한 제품을
서너 개 추천해달라고 하는 거예요. 그런데 저희가 파는 카메라
모델이 몇백 종류가 넘어요. 그래서 제품 상세 스펙이 모두 들어
있는 카탈로그를 아마존에 보냈죠. 그랬더니 아마존에서 우리 제
품을 담당하는 MD가 본부장님께 항의 메일을 보냈습니다."

"본부장님께 항의 메일을 보냈다고요? 카탈로그를 잘못 보내셨
나 봐요?"

"아뇨, 저희가 카탈로그를 잘못 보낸 게 아니고요. 아마존 MD
는 카탈로그를 통째로 보내면 어쩌냐는 거예요. 자기들은 제품을

디스플레이하고 프로모션할 때 데이터를 기반으로 하니까, 판매 패턴이나 제품 특성, 고객 유형 같은 데이터를 기반으로 모델을 선정해달라는 거죠. 선정 근거도 같이 달라고 요구하고요."

"음… 이거 갑질 아닌가요? 아무리 아마존이 잘 나간다고 해도 요."

"그게… 갑질이라고 보기에는 좀… 일단 아마존 MD도 프로모션을 하려면 데이터로 근거를 올려야 한답니다. 뭐, 따지고 보면 그러니까 아마존이 대단한 거겠죠. 아무튼 그래서 본부장님이 엄청 화가 나신 겁니다. 사실 우리는 그동안 상품 코드나 제품 가격대를 보고 대강 비슷하다 싶은 걸 추천했잖아요. 우리 쇼핑몰도 그렇고요. 그런데 본부장님이 이걸 다 데이터 기반으로 바꾸라고 역정을 내셨습니다. 하… 그래서 제가 이걸 어떻게 해야 하나 고민하는 중에 서울남부영업본부장님하고 복도에서 마주쳤어요. 본부장님이 예전에 제 팀장님이셨거든요. 오랜만에 뵌 거라 이런 저런 얘기를 하다가 마침 제가 데이터 분석 때문에 고민이 많다고 하니 본부장님이 김 팀장님께 전화해보라고 하셔서 이렇게 전화 드린 겁니다."

소문의 진원은 본부장이었구나!

"저희 본부장님이 조금 과장이 심해서… 아무튼 제가 할 수 있는 선에서 도와드릴 테니, 일단 그 내용이랑 데이터를 메일로 좀 보내주세요. 제가 메일 보고 나서 어떻게 하면 될지 회신 드리면 어떨까요?"

"아이고, 그래 주시면 제가 진짜 선배님으로 모시겠습니다. 잘 좀 부탁드립니다, 선배님!"

한 시간쯤 지나서 김 팀장에게 메일이 왔다. 이 팀장이 전화로 한 얘기와 상품 카탈로그 그리고 상품과 관련한 여러 데이터가 든 엑셀 파일이 첨부되어 있었다. 김 팀장은 황보 교수에게 자꾸 전화하는 것이 미안해서 이번에는 맛있는 저녁을 쏠 테니 나오라고 했다. 마침 황보 교수도 집에 아무도 없던 터라 저녁식사 요청에 흔쾌히 응했다. 둘은 회사 앞 고깃집에서 만났다.

황보 교수, 내가 황보 교수 덕에 지금 회사에서 데이터 분석 전문가로 소문이 났어요. 글쎄 오늘은 본사 해외영업본부에서 연락이 왔어요. 일단 여기 메일 받은 것 좀 보세요.

이번 기회에 김 팀장이 현업의 데이터 해결사로 포지셔닝하는 것도 좋겠네요. 혹시 아나요? 나중에 데이터본부장이 될지도요.

아이고, 괜히 생사람한테 바람 넣지 마세요.

바람이라뇨, 그때 가서 저 모른 척하기 없기입니다. 아무튼, 메일 요
지는 지난번에 잘 팔린 카메라와 비슷한 상품을 몇 개 추천해달라는
거군요. 이 문제를 풀려면 일단 거리 측정을 이해해야 합니다.

거리 측정이요? XY 좌표에서 두 지점 간 거리를 얘기하는 건가요?

네, 맞습니다. 데이터 분석에서 여러 상품을 비슷한 것끼리 묶는 방법
으로 거리 측정을 사용합니다. 두 상품, 즉 두 지점 간의 거리를 구해
서 가까운 것끼리 묶는 거죠. 그러려면 먼저 두 상품 간의 거리를 구
해야겠죠?

거리를 측정하는 방법은 많습니다. 유클리드 거리, 맨해튼 거리, 피어
슨 거리, 마할라노비스 거리….

어, 잠깐만요. 유클리드라 하면… 옛날에 수학 시간에 들어봤는데요?
유클리드 기하학?

네, 맞아요. 고등학교 수학 시간에 유클리드라는 기하학자의 이름을
들어봤을 겁니다. 유클리드 거리는 두 지점 간 직선거리라고 보면 됩
니다. 맨해튼 거리 측정에서 '맨해튼'은 뉴욕 맨해튼입니다. 격자 모
양으로 구획된 맨해튼 거리를 걸으면서 측정하는 것과 비슷해서 그렇
게 부릅니다. 맨해튼 거리는 실제 도로를 이용해서 걷는 거리니까 자
동차 내비게이션 거리와 비슷합니다.

여기서 김 팀장님이 알아야 할 거리 측정법은 유클리드 거리 Euclidean Distance 와 피어슨 상관거리 Pearson Correlation Distance 입니다. 두 거리 측정법의 차이를 먼저 설명할게요. 다음 그림에서 맨 아래 1번 선과 비슷한 선을 골라보세요. 2번일까요? 3번일까요?

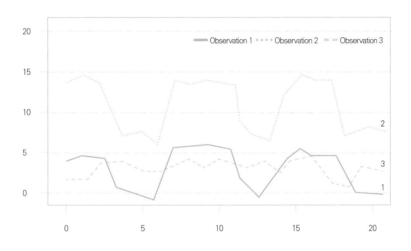

저는 2번 선이 1번 선과 비슷한 것 같은데요. 같은 패턴을 보이니까요.

2번과 1번이 비슷하다고 보는 사람은 상관관계를 중요시하는 사람입니다. 피어슨 상관거리죠. 반면, 3번과 1번이 비슷하다고 보는 사람은 절대적인 양을 중요시하는 사람입니다. 유클리드 거리죠.

Y축을 판매량이라고 해보죠. 그러면 2번과 1번은 비슷한 판매 패턴을 보입니다. 즉 두 선의 상관관계가 높은 거죠. 반면 3번과 1번은 판

매 패턴은 다르지만, 절대적인 판매량이 비슷합니다.

거리 측정법에 따라 분석 결과가 달라진다는 얘기군요.
그럼 어떤 것이 더 정확한가요?

어떤 거리 측정법이 더 정확하다고 얘기할 수는 없어요. 분석 목적이 무엇이냐에 따라 적절한 거리 측정 방법을 선택해야 합니다. 데이터 분석가도 따로 거리 측정법을 지시받지 않으면 아무거나 선택하거나 자기가 아는 방법을 사용하죠. 이렇게 하면 의사결정권자가 제대로 된 의사결정을 할 수 없겠죠?

그럼 둘 다 하라고 지시해야겠네요?

그렇죠. 그렇게 지시해야 합니다. 그러면 초보 데이터 분석가는 깜짝 놀라면서 긴장할 겁니다. 하지만 의사결정권자가 이런 걸 모른다면 어떻게 되겠어요. 데이터도 제대로 분석을 못하고, 당연히 제대로 된 의사결정도 내릴 수 없겠죠.

데이터 분석은 상급자가 아는 만큼 좋은 결과를 낼 수 있군요.

네, 맞습니다. 직접 데이터 분석을 할 수는 없어도 어떻게 해야 한다는 것 정도는 알아야 하죠. 그럼 구체적으로 어떻게 거리를 측정하는지 알려드릴게요. 우선 다음 표를 보죠. 보시는 바와 같이 여러 카메라의 월별 판매량입니다. 여기서 A 카메라와 비슷한 상품은 무엇일까요?

카메라	1월	2월	3월	4월	5월	유클리드 거리	피어슨 상관거리
A	2	8	12	4	2	-	-
B	2	0	0	2	0	17.70	-0.55
C	4	2	3	1	1	11.45	0.19
D	6	7	10	0	6	7.28	0.60
E	1	4	6	2	1	7.62	1.00

거리가 가까울수록 비슷한 거니까 유클리드 거리 측정법으로는

D 카메라가 가장 숫자가 낮아요. 7.28이요.

그럼 D 카메라가 A 카메라와 판매량이 비슷하다고 볼 수 있네요.

피어슨 상관 측정법으로는… 어? B제품인가요?

그런데 값이 -0.55네요? 마이너스 거리가 있나요?

　　좋은 발견입니다. 유클리드 거리의 값은 0과 같거나 큰 임의의 숫자로 나옵니다. 이 숫자가 작으면 거리가 가깝다고 보면 됩니다.

　　그런데 피어슨 상관거리의 값은 1과 -1 사이로 나오고, 1에 가까울수록 거리가 가깝습니다. 따라서 A 카메라와 가장 비슷한 패턴을 보이는 제품은 E 카메라죠, 값이 1.00이니까요. 이걸 그림으로 표현하면

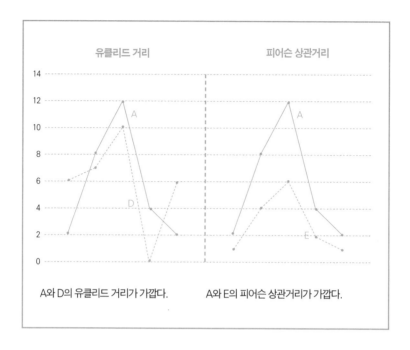

유클리드 거리	피어슨 상관거리
A와 D의 유클리드 거리가 가깝다.	A와 E의 피어슨 상관거리가 가깝다.

위와 같습니다. 이 그림을 보고 유클리드 거리 측정법으로 제품을 추천할지, 피어슨 상관관계 측정법으로 상품을 추천할지 선택하면 됩니다.

그러면 그림을 둘 다 그린 다음에, 유클리드 거리가 가까운 것 2개, 피어슨 상관거리가 가까운 것 2개를 골라서 아마존에 추천하면 되겠네요?

좋은 방법입니다. 다만 이때 주의할 점이 하나 있어요. 유클리드 거리를 측정할 때는 변수마다 단위가 다를 수 있기 때문에 데이터를 표준화해야 해요. 어느 정도 경험이 있는 데이터 분석가는 분석 과정에서 당연히 데이터 표준화를 합니다. 하지만 초보 분석가는 표준화하지 않고 거리를 측정하곤 합니다. 분석가가 데이터 표준화를 하는지 꼭 체크해보세요.

알겠습니다. 말씀하신 내용을 정리해서 북미팀장에게 알려줘야겠네요. 오늘도 고맙습니다.

세 줄 정리

- 특정 상품과 비슷한 상품을 찾을 때는 유클리드 거리 측정법과 피어슨 상관관계 측정법을 같이 사용하는 것이 좋다.

- 유클리드 거리에서는 결괏값이 작을수록, 피어슨 상관거리에서는 결괏값이 1에 가까울수록 거리가 가깝다.

- 유클리드 거리 측정법을 사용할 때는 데이터 표준화를 해야 한다.

김 팀장은 황보 교수에게서 들은 대로 유클리드 거리 측정법과 피어슨 상관거리 측정법을 상세하게 적어서 해외영업본부 북미팀장에게 메일로 보냈다. 그리고 며칠 뒤 북미팀장에게 전화가 왔다.

"선배님, 선배님! 저 북미팀 이 팀장입니다."

"아이고, 선배라뇨. 그냥 편하게 김 팀장이라 부르세요."

"선배님 덕분에 아마존 MD가 아주 흡족해했습니다. 제가 유클리드, 피어슨 어쩌고 하니까 아마존 MD가 깜짝 놀라면서 원더풀, 그레이트, 어썸 하더라고요. 게다가 상품을 더 추천해달라고 해서 10개 넘게 추천했고요. 다음 주부터 카메라 부문 메인 화면에 걸어준다고 합니다. 이게 다 선배님 덕입니다. 감사합니다!"

김 팀장은 기분이 좋았다. 데이터 분석을 엄청 잘하는 건 아니지만 큰 틀에서 중요한 몇 가지만 알아도 얼마든지 현업의 문제를 해결할 수 있다는 것을 느꼈다. 이번 기회에 아예 데이터 해결사로 전환해볼까 하는 생각도 들었다.

k-평균 군집 분석

회장님이 방문하실 대표 매장 5곳을 선정해주세요

비서실

회장 비서실에서 근무하는 고 부장에게 전화가 왔다. 고 부장은 얼마 전까지 서울남부영업본부 기획팀에서 일하다가 비서실장 눈에 띄어 비서실로 자리를 옮겼다. 가끔 만나 술 한잔하며 이런저런 농담이나 회사 소식을 나누던 사이였던 고 부장이 비서실로 옮기면서 일이 많아져 몇 달을 못 본 터였다.

"어? 고 부장님. 회장 비서실로 승천하신 분이 웬일로 미천한 현장 일꾼에게 전화를 다 하셨습니까요? 요즘 그룹 이끄시느라 바쁘셔서 저한테 술도 한잔 안 쏘시고, 이거 너무 하시는 거 아닙니까?"

"아이고, 김 팀장님. 어찌 말씀을 그리 재밌게 하십니까? 안 그 래도 요즘 내가 바빠서 김 팀장하고 술도 한잔 못 해서 미안했는 데, 오늘 어떠신가요? 퇴근하고 술 한잔하실까요? 제가 남부영업 본부 쪽으로 가겠습니다."

"좋지요. 비서실 소식도 좀 듣고 술도 얻어먹고 저야 콜이죠."

김 팀장과 고 부장은 강남역 뒷골목 이자카야에서 만났다. 한 시간쯤 술을 먹으며 서로 소식을 전하다가 김 팀장이 물었다.

"고 부장님. 근데 오늘 어쩐 일이십니까? 빨리 얘기해보세요."

"일은 무슨, 그냥 김 팀장님이 보고 싶어서 왔죠."

"어허, 우리 사이에 무슨. 빨리 얘기해보세요. 무슨 고민 있어 요? 비서실장님이 괴롭히던가요?"

고 부장은 술을 벌컥 들이켜더니 조곤조곤 말하기 시작했다.

"김 팀장님, 제 말 좀 들어보세요. 제가 뭘 잘못했는지 판단 좀 해봐요. 어제 회장님이 올해도 전국 매장 투어를 하시겠다는 겁니 다. 그거 왜 있잖아요. 1년에 한 번씩 매장 대여섯 곳을 돌면서 현 장 지도도 하고, 직원 격려도 하고, 소원 수리도 하는 거요. 사보 에 보면 가끔 나오잖아요."

"저도 알죠. 재작년이었나? 우리 본부에 있는 매장에 회장님이 오셨었죠. 어휴, 그때 본부가 완전 비상이었잖아요. 말이 현장 탐 방이지 사실 순찰이죠, 뭐."

"하하하, 맞아요. 현장은 비상이죠. 아무튼 다음 달에 회장님이 전국 매장 중에서 5곳을 골라 방문하시겠다는 거예요. 그 일을 제가 맡았죠. 그래서 오늘 비서실장님께 대표 매장 5곳과 일정을 보고했어요. 그랬더니 비서실장님이 막 화를 내면서 후배들 있는 데서 저를 엄청 깨는 거예요."

고 부장은 서울남부영업본부에서도 일 잘하기로 소문난 사람이었다. 그런 까닭에 비서실장이 눈여겨보다가 데려간 것이다. 후배들 있는 데에서 그렇게 깨질 사람은 아니었다.

"아니, 왜요?"

"글쎄, 비서실장님이 저한테 묻는 거예요. 매장 5곳을 어떻게 선정했냐고요."

"어떻게 선정하신 거예요?"

"저는 당연히 전에 이 일을 담당했던 직원에게 물어봤죠. 회장님이 방문하실 매장 5곳을 어떻게 선정했느냐고요. 그랬더니 지역본부에 연락해서 본부별로 매장 하나씩을 추천하라고 하고, 그중에서 실적 좋고, 모양도 번듯한 5개 매장을 골랐다는 겁니다. 그래서 저도 그렇게 했죠."

"저라도 그렇게 할 것 같은데요. 그렇게 하면 안 되나요?"

"비서실장님은 이제 그렇게 주먹구구식으로 정하면 안 된다는 거예요. 매장 전체를 다 펼쳐놓고, 합리적인 기준으로 대표 유형 5곳을 정하고, 그 근거도 보고하래요. 아니, 이게 말이 됩니까? 우리 회사 매장이 얼마나 많은데….”

“대략 1000곳 넘죠? 1080개 정도?”

“그렇죠. 매장이 1000개가 넘는데 그걸 어떻게 다 봅니까? 최근에 오픈한 매장도 있고, 수십 년 영업한 매장도 있고, 직영점도 있고, 가맹점도 있고, 로드숍도 있고, 아웃렛도 있고, 매출 잘 나오는 데도 있고, 깨끗한 데도 있고, 지저분한 데도 있고… 아, 주차장 없는 데도 있잖아요. 주차장 없으면 회장님을 어떻게 모셔요? 안 그래요? 이런 걸 다 데이터로 어떻게 분석하냐고요.”

“진짜 그렇네요. 매장이 20개 정도 되면 5개 뽑아서 대충 근거를 만들면 될 텐데요. 1000개 매장 중에 5개를 뽑은 근거를 어떻게 대라는 거죠? 거참….”

김 팀장은 고 부장 처지가 안타까웠다. 한숨을 쉬며 빈 잔에 술을 따르는데 갑자기 황보 교수에게 배운 로지스틱 회귀가 생각났다. 매장이 1000곳이 넘어도 범주로 분류하면 되지 않을까? 소프트웨어에 데이터를 마구 집어넣고 돌리면 회장님이 방문하기 좋은 매장을 찾아주지 않을까?

그런데 확신은 없었다. 로지스틱 회귀는 원인과 결과를 추론하는 것인데, 지금 고 부장이 찾는 것은 결과가 아니라 5가지 유형이기 때문이다. 김 팀장은 황보 교수에게 물어보면 되겠다고 생각했다.

"고 부장님. 제가 그거 해결할 수 있을 것 같은데요. 그거 언제 다시 보고하기로 하셨어요?"

"내일은 비서실장님이 다른 중요한 일정이 있어서 모레 아침에 보고하기로 했어요."

"그러면… 제가 내일 점심 전에 전화 드릴게요. 일단 저만 믿어 보세요."

"김 팀장이 해결할 수 있다고요? 어디 해결사라도 하나 채용하셨어요? 저는 오늘 제 고민 들어주신 것만으로도 고맙습니다."

김 팀장은 고 부장과 헤어지고 나서 집에 오자마자 바로 황보 교수에게 전화했다.

황보 교수, 지난번에 분류 문제를 풀 때는 로지스틱 회귀를 쓰면 된다고 했잖아요. 그런데 이런 문제도 분류 방법론을 쓰면 되나요?

매장 천여 개 중에서 회장님이 방문할 대표 매장 5곳을 선정해야 해요. 그리고 그 매장을 왜 선정했는지 근거를 대야 합니다.

제 생각에는 5가지 유형을 만들고, 각 유형에서 대표 매장을 뽑으면 될 것 같긴 한데요. 이게 로지스틱 회귀랑은 좀 다른 것 같아서요.

하하하, 이제 김 팀장님이 비지도 학습의 세계로 들어오시는군요. 환영합니다.

비지도 학습이요?

　　네, 비지도 학습을 시작하기 전에 일단 말씀하신 것부터 해결해보죠.
　　천 곳 넘는 매장을 분류할 때 우리가 고려할 수 있는 요인이 어떤 게
　　있을까요?

여러 가지가 있겠죠. 지역, 매출액, 매장 크기, 직원 수 같은 것도 있고요.
직영점, 가맹점, 백화점, 로드숍, 아웃렛 등 운영 형태도 있죠.
신규 매장도 있고, 10년 된 매장도 있고… 찾기로 치면 많죠.
수십 가지는 넘지 않을까요?

　　그러면 그중에 의미가 있다고 생각하는 걸 데이터로 다 집어넣어서 비
　　슷한 것끼리 묶을 수 있어요. 3개 유형으로 묶을 수도 있고, 7개로 묶
　　을 수도 있어요. 회장님이 5곳을 방문하겠다고 하시니 5개 유형으로
　　묶으면 되겠네요. 이렇게 데이터 전체를 몇 개 그룹으로 묶는 것을 그
　　룹화라고 하는데요, 우리가 흔히 말하는 그루핑grouping과 같은 겁니다.

비즈니스에서 얘기하는 그루핑 말인가요?

　　네, 같은 거예요. 데이터 분석에서 이렇게 관측치를 묶는 것을 그룹화
　　라고 합니다. 그룹화를 하는 방법론은 여러 가지가 있어요. 그중에 k-
　　평균 군집 분석k-means Clustering이라는 방법론이 있습니다. 매장 천 곳과

관련된 특징을 선정하여 데이터로 넣어주면 한 번에 관측치를 k개로 그룹화해주는 거죠.

파이썬 Python 이나 R로 k-평균 군집 분석을 돌리면 그 결과는 다음 표처럼 나오는데요. 여기서 볼 것은 맨 마지막에 나오는 군집 Cluster 번호입니다. 군집번호가 유형 번호라고 생각하면 됩니다. 첫 번째 매장인 Seoul121과 Ulsan01의 군집번호가 3번으로 같으니까 두 매장은 같은 유형의 매장이라고 볼 수 있는 거죠.

이렇게 그룹화를 한 다음 해당 그룹에서 대표 매장을 하나씩 선택하면 전체 매장에서 유형별로 대표 매장 5곳을 선정할 수 있어요.

매장 번호	매장 면적	직원 수	...	군집번호
#Seoul 121	231	24		3
#Seoul 122	214	26		4
#Busan 02	111	8		2
#Ulsan 01	100	12		3
#Ulsan 02	234	23		5
#Gyunggi 01	531	45		5

데이터만 넣으면 이렇게 간단히 그룹화를 해주다니

이런 간단한 방법이 있었네요. 그런데 궁금한 것이요.

군집번호가 회귀식의 Y 같은 건가요?

___

역시 그 질문이 나오는군요. 김 팀장이 제법 눈썰미가 있어요. 앞에서 봤던 선형 회귀나 로지스틱 회귀에는 X와 Y가 있었죠. 이렇게 X와 Y가 있으면 회귀나 분류의 방법을 사용합니다. 이것을 지도 학습이라고 해요. 그런데, X는 있지만 Y가 없는 경우가 있어요. 즉 X들 간 관계를 분석하는 경우인데요. 이것을 비지도 학습이라고 합니다.

다음 그림을 보세요. 왼쪽 그림은 지도 학습입니다. 우리는 ○와 ×라는 결과를 알고 있습니다. 결과에 대한 데이터를 가지고 있는 상태에서 정확한 결과를 예측하거나, 원인과 결과 간 관계를 추론하는 거죠. 오른쪽 그림은 비지도 학습이에요. 우리는 결과 데이터를 가지고 있지 않습니다. 그 상태에서 관측치들을 묶어서 그룹화하거나, 변수의 개수를 줄이는 거죠. 데이터 분석의 두 가지 큰 줄기인 지도 학습과 비지도 학습에 대해서는 다음에 상세하게 얘기할 기회가 있을 겁니다.

그러고 보니 어디서 들어본 것 같은데요. 알파고인가? 딥 러닝인가?

무슨 인공지능 영상 같은 것을 유튜브에서 보다가 지도 학습,

비지도 학습 같은 말을 들은 기억이 나요. 정확히 뭔지는 모르겠지만요.

___

네, 뉴스나 유튜브 영상 같은 데서 들어보셨을 겁니다. 정답이 있을

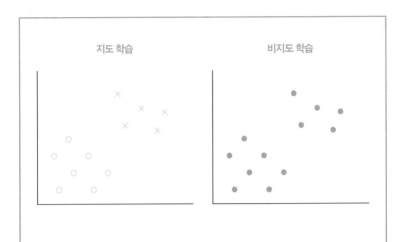

지도 학습은 정답이 있는 데이터로 결과를 예측하거나 인과관계를
추론하는 것이고, 비지도 학습은 결과가 없는 데이터를 비슷한 특징끼리
묶어서 그룹화하여 결과를 예측하는 것이다.

때는 지도 학습, 정답이 없을 때는 비지도 학습이라고 합니다. 이걸
합쳐서 통계학을 기반으로 데이터 분석을 하는 것을 통계 학습이라고
하고, 컴퓨팅을 기반으로 데이터 분석을 하는 것을 기계 학습이라고
합니다. 기계 학습이 영어로 뭐죠?

기계는 머신이니까⋯ 머신 러닝인가요?

어? 머신 러닝이 인공지능이잖아요?

그렇죠. 더 정확히 말하면 머신 러닝은 인공지능의 일종입니다. 머신

러닝에는 지도 학습과 비지도 학습이 있습니다. 지도 학습에는 회귀나 분류의 방법론이 있고요. 비지도 학습에는 지금 얘기하고 있는 그룹화와, 나중에 얘기할 차원 축소가 있어요.

통계 학습 / 기계 학습	방식	방법론
지도 학습	회귀	선형 회귀 등
	분류	로지스틱 회귀 등
비지도 학습	그룹화	k-평균 군집 분석 등
	차원 축소	주성분 분석 등

아하, 이제 정리가 좀 되네요.

그간 띄엄띄엄 알고 있던 게 다 연결이 되는 거였군요.

— 네, 이렇게 하나씩 정리해나가면 됩니다. 그리고 비서실 고 부장님은 회장님께 감사해야 해요.

아니 왜요? 회장님이 매장 투어를 하겠다고 지시만 했는데 감사라니요?

— 회장님이 매장 몇 곳을 방문하신다고 했죠?

5곳이요.

— 그게 아주 중요합니다. 그룹화에서 가장 어렵고 고민인 것이 바로 그룹을 몇 개로 나누느냐 하는 문제거든요. k-평균 군집 분석에서 k가 바로 그룹의 개수예요. 만약 회장님이 k를 5로 지정하지 않으셨다면 2부터 시작해서 일일이 분석 결과를 보면서 적절한 k를 찾아야 합니다. 그런데 회장님께서 k를 5로 지정해주셨으니 우린 그룹을 5개로 나누기만 하면 됩니다.

그러니까 만약 회장님이 5곳이 아니라 그냥 여러 곳을 가보겠다고 하면 우린 대표 매장 개수를 정하기 위해 또 뭔가를 해야 한다는 말이군요?

— 그렇죠. 매장의 유형이 3개가 적당한지, 5개가 적당한지, 아니면 20개가 적당한지를 알아내야 하는 거죠. 그래야 회장님이 몇 곳을 방문하면 대표적인 매장들을 모두 방문하게 되는지에 대한 근거를 댈 수 있잖아요.

그러면 k값을 알아내는 방법이 따로 있나요?

— 방법은 다양해요. 여러 보조 지표를 보면서 적당한 k값을 결정해야 합니다. 최근 가장 많이 사용하는 지표로 CCC 통계량Cubic Clustering Criterion 이 있습니다.

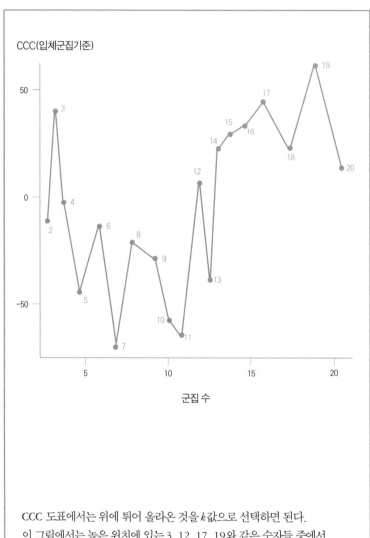

CCC 도표에서는 위에 튀어 올라온 것을 k값으로 선택하면 된다.
이 그림에서는 높은 위치에 있는 3, 12, 17, 19와 같은 숫자들 중에서
상황에 따라 적절한 개수를 선택하면 된다.

좌측 그림이 CCC 통계량을 도표로 그린 겁니다. 소프트웨어가 자동으로 그려주니까 우린 해석하는 법만 알면 돼요. 우리는 이 그림에서 가장 높은 위치에 있는 그룹의 개수를 k로 선택하면 됩니다. 이 그림에서는 오른쪽 끝에 19가 가장 높으니까 k를 19로 선택하면 되겠네요.

어렵지 않네요. 그런데 그룹의 개수가 19라니 너무 많은데요.
그러면 그다음에 높은 것을 선택하면 된다는 거죠?
음, 왼쪽에 튀어 올라온 것을 보니 3이네요. 그런데 3은 너무 적고
19는 너무 많고… 어떤 것을 선택해야 하나요?

19를 1안으로, 3을 2안으로, 12를 3안으로 선택할 수 있죠. 분석가가 이렇게 도표를 보여주면, 고 부장이나 현업의 전문가가 적절한 개수를 선택하면 됩니다. 이런 게 바로 데이터 기반으로 의사결정을 하는 거죠.

그렇군요. 점점 실감합니다. 그런데 좀 전에 CCC 통계량이
최근에 많이 사용된다고 하셨는데, 또 다른 보조 지표도 있나요?

네, CCC 통계량은 비교적 최근에 나온 지표예요. 이전에 전통적으로 널리 사용되었던 보조 지표 가운데 대표적인 것은 스크리 도표 Scree Plot 입니다. '스크리'란 자갈로 된 비탈을 뜻해요. 그래서 도표가 오른쪽 아래로 비탈길처럼 내려가는 모양을 띱니다. 다음 그림처럼요.

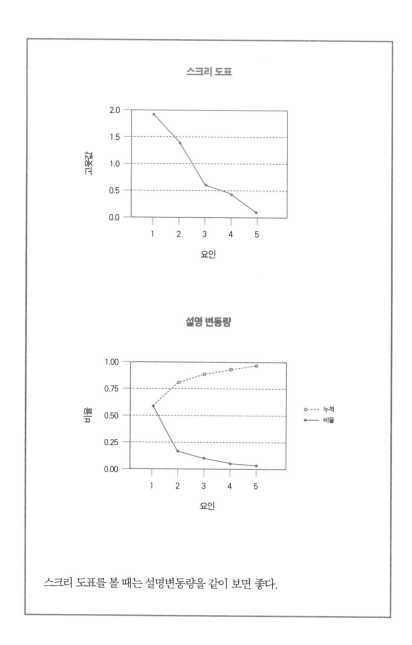

스크리 도표를 볼 때는 설명변동량을 같이 보면 좋다.

우선 좌측 그림의 상단 차트부터 보죠. Y축인 고윳값^{Eigenvalue}은 해당 그룹의 중요도쯤으로 생각하면 됩니다. 숫자가 높을수록 그 그룹이 중요하다고 볼 수 있어요. X축은 요인^{Factor}이라고 되어 있는데, 이는 그룹의 번호를 뜻합니다. 요인 1은 첫 번째 그룹, 요인 2는 두 번째 그룹이죠.

요인이 k-평균 군집 분석에서 말하는 k인 거죠?

네, 그렇게 생각하면 됩니다. 스크리 도표를 보면 오른쪽 아래로 선이 내려가다 갑자기 가파르게 떨어지는 구간이 있는데요, 이 그림에서는 가파른 구간이 어디일까요?

여기서는 2와 3 사이네요.

그럼 여기서 끊는 겁니다. 그러니까 가파른 구간이 시작되는 요인의 값 2를 k로 정하는 겁니다.

그렇군요. 그런데 만약 가파른 구간이 나오기까지 요인이 10, 20, 30으로 쭉 늘어날 수도 있잖아요. 그때는 어떻게 하나요?

그런 경우도 있을 수 있겠죠. 다른 방법으로 고윳값이 1보다 큰 것으로 k를 선정하는 방법도 있습니다.

하단 차트는 뭔가요?

_k_의 값을 정하고 나면 그 그룹이 전체를 얼마나 설명하는지 알고 싶잖아요. 단순히 매장 개수가 아니라, 중요도 관점에서요. 그때 아래 차트, 즉 설명변동량 Variance Explained 을 보면 됩니다. 오른쪽 아래로 내려가는 선이 각 요인의 중요도를 뜻한다고 보면 됩니다. 여기서 눈여겨봐야 할 것은 오른쪽 위로 올라가는 점선, 즉 누적선인데요. 누적이 1에 가까울수록 이 요인까지의 그룹이 전체를 잘 설명하는 거라 보면 됩니다.

그럼 여기서 가파른 구간 대신에, 예를 들어 전체의 95% 이상을 설명하는 그룹, 그러니까 누적으로 볼 때 0.95 이상이 되는 그룹을 _k_로 정해도 되는 거 아닌가요?

그렇게 해도 됩니다. 그러면 여기서는 _k_가 5가 되겠죠.

알겠습니다. 이 정도로 해서 고 부장에게 설명하면 고 부장이 문제를 해결할 수 있겠네요. 그런데 궁금한 게 하나 있어요.
매장을 비슷한 것끼리 묶으려면 어떻게 해야 하나요?
그러니까 _k_값은 없고요. 앞에서 아마존이 비슷한 카메라 제품을 추천해달라고 했을 때처럼 하려면요?

A 매장과 비슷한 매장을 찾는 게 아니라 천 개 매장 가운데 비슷한 것끼리 묶어서 보고 싶으신 거죠? 그럴 때는 k-평균 군집 분석보다 덴드로그램Dendrogram을 추천합니다. '덴드로'는 수목을 뜻하는 접두사예요. 나뭇가지 모양처럼 생겼다고 해서 덴드로그램이라고 합니다.

예를 들어, 매장이 1000곳이 있으면 그중에서 15번 매장과 30번 매장이 비슷한 매장이라고 해보죠. 그러면 덴드로그램이 그 둘을 먼저 묶어요. 그리고 나서 29번 매장과 55번 매장이 비슷하면 그 둘을 또 묶어요. 이렇게 묶은 두 매장군이 비슷하면 또 묶습니다.

토너먼트와 비슷한가요?

비슷하지만 달라요. 토너먼트는 100팀이 있으면, 50팀으로 동시에 묶어요. 덴드로그램은 동시에 묶는 것이 아니라 100팀을 모두 비교한 다음, 가장 거리가 가까운 두 팀부터 묶기 시작합니다.

k-평균 군집 분석은 k의 개수에 따라 모두 다른 분석 결과를 냅니다. 그런데 덴드로그램은 하나의 분석 결과만 그려내요. 그래서 2개로 묶겠다고 하면 선이 2개 있는 곳에서 자릅니다. 이 절단선과 만나는 선이 k라고 보면 됩니다.

결론은, 회장님이 5개로 묶으라고 하면 k-평균 군집 분석을 사용하고, 그냥 비슷한 매장끼리 묶으라고 하면 덴드로그램을 쓰면 되겠네요.

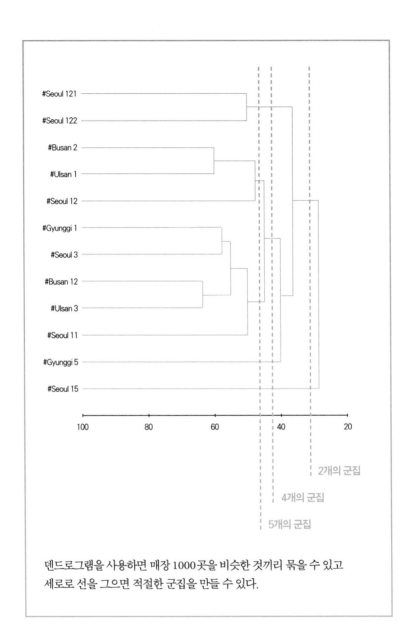

덴드로그램을 사용하면 매장 1000곳을 비슷한 것끼리 묶을 수 있고
세로로 선을 그으면 적절한 군집을 만들 수 있다.

네, 그렇게 하면 됩니다.

황보 교수 덕분에 제가 회사에서 데이터 해결사가 된 것 같아요.
오늘도 정말 고맙습니다.

세 줄 정리

- 데이터 분석 방법에는 지도 학습과 비지도 학습이 있다. 지도 학습에서는 회귀와 분류의 방법론을 사용하고, 비지도 학습에서는 그룹화와 차원 축소의 방법론을 사용한다.

- 관측치를 몇 가지 유형으로 묶고자 할 때는 그룹화를 사용한다. 그룹화의 대표적인 방법론에는 k-평균 군집 분석과 덴드로그램이 있다.

- k-평균 군집 분석을 사용할 때는 k의 값을 얼마로 할지가 중요하다. 만약 k값이 정해져 있지 않다면 CCC 통계량이나 스크리 도표와 같은 보조 지표를 사용하여 k를 정해야 한다.

김 팀장은 다음 날 고 부장에게 전화해서 회장님이 방문할 매장 5곳을 k-평균 군집 분석으로 선정하면 된다고 자세히 설명했다. 그리고 실제로 소프트웨어를 돌리는 것은 본부 기획팀 박 대리에게 요청하면 된다고도 얘기했다.

며칠 뒤 고 부장에게 전화가 왔다.

"김 팀장. 내가 김 팀장 덕에 살았어요. 지난번에 말해준 대로 k-평균 군집 분석으로 해서 비서실장님께 보고했고요. 비서실장님이 깜짝 놀라시면서 이렇게까지 할 줄은 몰랐다고 하시더라고요. 오늘 비서실장님하고 같이 아침에 회장님께 보고 드렸어요. 세상에, 회장님이 뭐라 그러셨는지 아세요?"

"뭐라고 하셨는데요?"

"이게 바로 디지털 트랜스포메이션이라고 하시는 거예요. 그러면서 이렇게 데이터를 기반으로 의사결정하는 문화를 만들라고도 지시하셨어요. 아마 그것도 제가 담당하게 될 것 같은데요. 내가 우리 김 팀장한테 도움을 좀 많이 받아야겠어요. 아니, 이럴 게 아니지. 오늘 밤에 제가 거하게 한턱 쏘겠습니다."

김 팀장은 약간 멋쩍었지만 기분은 좋았다. 요즘 디지털, 데이터, 로봇, 인공지능, 메타버스 같은 것이 중요해진 시대인데, 어쩌다 보니 자신이 남들보다 앞서 나가는 느낌이 들었다. 자신감도 커지고 의욕도 생겼다.

10

주성분 분석

공장에 센서가 수천 개가 넘는데
어떻게 일일이 다 봅니까?
여수공장

김 팀장은 여느 날처럼 사무실에서 업무를 보고 있었다. 그때 그룹 공채 입사 동기인 정 팀장으로부터 전화가 왔다. 그는 그룹 화학계열사 여수공장 설비팀을 맡고 있었다. 두 사람은 나이도 같고 성격도 잘 맞아서 입사해서 아주 친하게 지냈었다. 그런데 정 팀장이 10년 전 여수공장으로 내려가는 바람에 자주 못 만났다.

"아니, 이게 누구신가? 여어수 바암바다~ 여수공장 설비팀장 아니신가? 그런데 우연의 일치네, 내가 이번 주 금요일에 휴가 내고 가족이랑 2박 3일로 여수에 놀러 가려고 했거든. 안 그래도 정 팀장 얼굴 한번 볼까 했는데, 어떻게 텔레파시가 통했는지 전화를 다 하셨네. 거참."

"김 팀장, 역시 우리는 그룹인재원 교육 때부터 텔레파시가 통했다니까. 아무튼 잘됐네. 금요일에 좀 일찍 내려와 봐, 내가 공장 구경시켜줄 테니까. 물어볼 것도 있고. 요즘 김 팀장이 데이터 분석 잘한다고 그룹에 소문이 자자해서 말이야."

김 팀장은 일개 현장 영업팀장 소문이 돌아봐야 본사 안에서겠지 싶었는데, 막상 지방 공장에서 일하는 옛날 동기가 전화하니 약간 우쭐하면서도 걱정이 되었다. 공장에서 데이터를 분석한다고 하면 지금까지 했던 것과는 또 다를 일이었다. 그렇다고 미리 걱정할 건 아닌 것 같고, 일단 만나서 어떤 고민인지 들어보기로 했다.

며칠 뒤 김 팀장은 가족과 함께 여수로 내려갔다. 오후 3시에 호텔에 체크인하면서 가족을 내려주고, 김 팀장은 근처 여수공장에 가서 설비팀 정 팀장을 만났다.

"김 팀장, 일단 나 따라와 봐. 내가 공장 구경시켜줄게."

김 팀장은 정 팀장 손에 이끌려 공장 안으로 들어갔다. 거기에는 스마트폰 액정 필름에 각종 코팅액을 주사하는 설비가 엄청 크게 들어서 있었다.

"여기 봐, 김 팀장. 이 공정이 필름 코팅 공정인데 설비가 여러 개야. 세부 공정이 여러 개라고 생각하면 돼. 왼쪽에 원재료 필름이 두루마리처럼 들어오면 이걸 펴서 코팅액을 주사해. 그렇게 여러 코팅액을 주사한 다음에 오른쪽 끝에서 스팀으로 말리고, 다시 이걸 둘둘 말아서 출고하는 거지. 이게 한 롤인데, 10분에 한 롤을 만들고 5분 동안 설비를 냉각해. 이 과정을 계속 반복하는 거야. 그러니까 한 시간에 네 롤을 만드는 거지."

김 팀장은 잘 이해는 안 되었지만 많은 설비들이 일정한 규칙으로 착착 움직이는 게 신기했다. 팀원들도 저렇게 알아서 착착 일하면 좋겠다는 생각이 들었다. 그런데 정 팀장이 이걸 왜 보여줄까?

"김 팀장, 우리가 문제가 있는데 말이야. 사장님이 불량률을 획기적으로 낮추라고 지시하셨어. 지금 이 공정에서 코팅 불량률이 0.5% 정도 되거든. 예를 들어 롤을 1000개 만들면 그중 5개가 코팅 불량이란 거지. 선진국 경쟁사는 불량률이 0.1% 정도야. 그런데 문제는 어디서 불량이 발생하는지 모른다는 거야."

"센서가 있지 않나? 불량품이 나온 시간을 기록해서 관련된 설비 센서 데이터를 보면 뭔가 튀는 값이 있을 것 같은데?"

"역시 김 팀장! 그래서 우리가 센서 데이터를 다 깠지. 그런데 여기 보면 설비마다 센서가 수백 개씩 있어. 온도 센서, 습도 센서, 진동 센서, 소음 센서, 화재 감지 센서, 압력 센서, 카메라 센서…. 설비도 10개가 넘으니 센서만 수천 개야. 이걸 다 보려니 미치겠는 거야. 데이터도 얼마나 많은 줄 알아? 온도 센서를 예로 보자고.

온도 센서가 1초에 10번 측정하거든. 그러면 엑셀로 치면 10줄이야. 1분에 600줄, 1시간에 3만 6,000줄, 하루에 300만 줄이 넘는다고. 1년이면 13억 줄이야. 이걸 어떻게 다 보냐고. 김 팀장은 어떻게 하면 될지 알 것 같아서 내가 물어보는 거야."

　김 팀장은 막막했다. 따지고 보면 센서는 변수, 센서 데이터는 값이니까 센서 간 거리를 측정해서 비슷한 것끼리 묶으면 될 것 같기도 한데 정확히 어떻게 해야 할지 몰랐다. 하지만 분명 어떤 방법이 있으리라는 확신이 들었다. 황보 교수라면 아주 쉽게 풀 것 같았다.

　"정 팀장, 나 잘 불렀어. 내가 해결해줄게. 그런데 내가 말로 설명하기는 좀 어렵고… 내가 월요일 오전에 메일로 자세히 알려줄 테니 걱정은 붙들어 매고, 오늘은 술이나 한잔하자고."

　김 팀장은 정 팀장과 한잔하고 호텔로 돌아왔다. 마침 호텔 투숙객은 회의실을 무료로 2시간 사용할 수 있어서 김 팀장은 황보 교수에게 화상회의를 요청했다.

황보 교수, 금요일 밤인데 또 연락해서 미안합니다.

제가 지금 여수에 있는데요. 황보 교수 생각이 나서요.

여기서 내가 수산물 좀 사서 택배로 보낼게요.

뭘 그런 걸 다… 그럼 어디 여수 특산물 좀 보내주세요. 하하하. 아무
튼 또 데이터 분석 문제가 있나 봐요. 얘기해봐요. 저도 궁금하네요.

역시 족집게이십니다, 하하하. 제가 지금 여수에 휴가 와서

여수공장 설비팀장을 만났는데요. 여기 필름 공정에 설비가 10여 대고

설비마다 센서가 수백 개 있어요. 이번에 불량률을 획기적으로 낮추려고

센서 데이터를 분석하려니 센서가 너무 많다는 겁니다.

이걸 어떻게 해결하죠?

김 팀장 생각은 어떠세요? 이 문제를 어떻게 해결하면 좋을까요?

제 생각에는 센서가 몇 개든 결국 제품의 불량 여부를 찾는 거니까,

불량이냐 아니냐, 즉 분류의 문제잖아요. 그러면 로지스틱 회귀로 풀면

될 것 같아요. 그런데 그렇게 하면 회귀식이 엄청나게 길어지겠죠?

센서가 1000개라 하면… 1000차원이 되겠네요. 너무 끔찍하네요.

분석가 입장에서는 데이터가 많으면 천국이지만 차원이 높으면 지옥
과 같습니다. 데이터가 많으면, 즉 센서로 측정한 관측치가 많으면 데

이터의 분포가 정규 분포에 가까워져서 별다른 데이터 가공 없이 바로 분석할 수 있어서 좋습니다. 하지만 센서가 많으면 변수, 즉 차원이 엄청나게 높아지겠죠. 이걸 '차원의 저주'라고 합니다.

차원의 저주라고 하니 감이 딱 오네요.

$Y = aX_1 + bX_2 + cX_3 \cdots nX_{1200} \cdots$ 지옥을 경험하겠네요.

그렇다면 차원의 저주에서 헤어나오는 방법도 있을 것 같은데요?

당연히 있죠. 세 가지 방법이 있어요. 변수 선택, 수축, 차원 축소요. 여기서 수축은 고급 방법론이니 일단 빼죠. 수축이라는 방법이 있다는 정도로만 알아두세요. 차원의 저주에서 헤어나오는 방법으로는 보통 변수 선택이나 차원 축소를 많이 씁니다. 일반적으로 변수가 많지 않을 때는 변수 선택이 유용합니다. 변수 선택은 말 그대로 중요한 변수를 택하고, 덜 중요한 변수를 제거하는 겁니다.

지금처럼 변수가 매우 많고, 어떤 것이 중요한지 모를 때는

변수 선택을 할 수 없겠네요?

맞아요. 그래서 설비에 붙은 수많은 센서 데이터를 요약해서 보고자 할 때는 차원 축소가 좋아요. 차원 축소는 여러 변수를 묶어서 새로운 변수로 만드는 겁니다. 여러 개를 묶는 방법론은 앞에서 쓴 적이 있죠.

앞에서 했다고요? 음… 그러고 보니 그룹화와 좀 비슷하네요.

맞아요. 그룹화는 행을 묶는 겁니다. 우리가 흔히 얘기하는 데이터, 즉 관측치나 표본을 묶는 거죠. 그런데 행을 묶을 수 있다면 열도 묶을 수 있겠죠? 열이 뭔가요?

열이… 변수네요! 여기서는 센서고요.

그렇죠. 그래서 변수를 묶는 것, 이게 차원 축소입니다. 옛날에 학교 다닐 때 수학시간에 다항식이란 걸 배운 적이 있어요. 혹시 기억하시나요?

글쎄요, 제가 문과라서…. 다항식이라 하면 항이 여러 개니까 $x + y + z = 10$, 뭐 이렇게 미지수가 여러 개인 식을 말하지 않나요?

정확합니다. 그게 다항식이죠. 그 식에서 x, y, z가 바로 변수죠. 여기서는 센서고요. 즉 x는 센서1, y는 센서2, z는 센서3이라고 볼 수 있죠.

그럼 행은요?

방금 말씀하신 다항식 자체가 행이죠. 그게 데이터예요. $x + y + z = 1$, $x - y = 1$, $xyz = 0$ 같은 식이 바로 데이터죠.

역시, 데이터 분석을 하려면 수학을 잘해야 하는군요, 하하하.

　　수학을 잘하면 데이터 분석하기가 좀 더 쉽긴 하죠. 하지만 수학을 잘 모른다고 해서 데이터 분석을 못하는 건 아닙니다. 어차피 수학으로 풀어야 하는 것은 요즘 소프트웨어가 다 해주니까요.

그럼 구체적으로 차원 축소는 어떻게 하나요?

　　차원 축소에도 여러 방법이 있는데요. 그중 주성분 분석Principal Component Analysis을 많이 씁니다. 데이터를 집어넣고 소프트웨어에서 주성분 분석을 돌리면 다음 표처럼 결과가 나옵니다. 이 표에서 행은 센서 개수만큼 나올 겁니다. 여기서 Prin1 값이 0.5보다 큰 센서를 찾아보세요.

EigenVectors				
	Prin1	Prin2	Prin3	…
센서1	0.55083	−.49832	0.34852	…
센서2	0.58470	−.18576	0.21579	…
센서3	0.26595	0.51954	−.81685	…
센서4	0.13235	0.50032	−.98456	…
…	…	…	…	…

센서1과 센서2의 Prin1 값이 0.5보다 크네요.

센서1과 센서2를 합쳐서 첫 번째 주성분을 만들어낼 수 있어요. 즉, 센서1과 센서2는 비슷한 값을 갖기 때문에 변수 하나로 만들 수 있는 거죠. 자, 그러면 두 번째 주성분, 즉 Prin2에서도 찾아보죠.

센서3과 센서4의 Prin2 값이 0.5를 넘으니 이 둘을 가지고 또 변수 하나를 만들 수 있겠네요.

그렇죠. 이런 식으로 주성분을 묶는 겁니다. 그러다 더 묶을 것이 없으면 나머지 주성분은 모두 버립니다. 이렇게 하면 자연스럽게 변수 개수가 줄겠죠. 이제 불량에 가장 영향을 주는 변수를 찾으면 그 변수에 포함된 센서가 여러 개 있겠죠. 그걸 설비팀에 알려주면 됩니다. 그러면 그들이 "아하, 이 센서는 3번 설비입니다. 어쩐지 거기 습기가 잘 차더라니…" 하며 원인을 찾을 겁니다. 만약 해당 주성분에 온도 센서가 많다면 설비팀에서 불량의 원인이 온도 문제란 걸 알아내겠죠.

이런 문제는 결국 데이터 분석가와 현장 전문가가 협력해야 풀 수 있겠네요.

맞아요. 데이터 분석가가 이 문제를 전적으로 해결할 수는 없어요. 데이터 분석가는 현장에서 문제를 풀 수 있도록 조사 범위를 줄여주고 분석 방법론을 제시하는 역할입니다.

— 이런 주성분 분석은 회귀나 분류의 선행 과정으로 많이 사용됩니다. 변수가 많아도 식은 만들 수 있지만 해석이 어렵죠. 변수를 줄여서 식을 만들면 해석이 쉬워지니까 이런 차원 축소의 방법을 쓰는 거예요.

그럼 주성분을 선정하는 기준이 0.5인가요?

— 0.5가 절대적인 기준은 아닙니다. 중요한 것은 0.5 이상이라는 점이 아닙니다. 그보다는 성분을 몇 개로 줄일 건지 판단해야 해요. 앞에서 스크리 도표와 설명변동량을 봤잖아요. 주성분 분석에서도 마찬가지예요. 스크리 도표를 사용해서 적절한 주성분의 개수를 찾는 거죠. 둘 다 비지도 학습이기 때문에 동일한 도구를 사용합니다. 둘 다 거리의 문제를 푸는 거예요.

잠깐, 지금 이 얘기를 다음 주에 알려줄 게 아니라 지금 바로
여수공장 설비팀장에게 알려줘야겠어요.
제가 여기서 제일 맛있는 특산품을 골라서 택배로 보내드릴게요.
오늘도 고맙습니다.

김 팀장은 바로 여수공장 설비팀 정 팀장에게 전화해서 차원 축소를 사용하라고 말했다. 정 팀장은 마침 여수공장에 통계를 전공한 직원이 있으니 다음 주에 출근하자마자 해보겠다고 답했다.

몇 주가 지났다. 일찍 퇴근한 김 팀장은 거실에서 TV를 보고 있었다. 그때 띵똥 초인종 소리가 났다. 택배 기사였다. 딱히 오늘 택배 올 것이 없는데 하며 김 팀장은 문을 열었다. 택배 기사가 크고 무거운 상자 몇 개를 들여놓더니 말했다.

"여수에서 아주 큰 선물이 왔나 보네요. 아직 몇 상자 더 있으니까 기다리세요, 금방 가져올게요."

상자를 거실에 다 들이고 뜯어보니 여수 특산품이 가득했다. 보낸 사람은 여수공장 설비팀 정 팀장이었다. 김 팀장은 정 팀장에게 바로 전화했다.

"정 팀장, 뭔 특산품을 이렇게 많이 보냈어?"

"김 팀장, 덕분에 내가 사장님한테 크게 칭찬을 받았네. 지난번에 알려준 대로 주성분 분석으로 차원 축소를 했더니, 불량품이 제조되는 시점의 센서 수십 개가 딱 드러나더라고. 그게 4번 설비 온도 센서였더라고. 이 설비가 원래 스팀을 200도로 분사해야 하는데 실제로 이게 잘 안 된 거야. 그래서 4번 설비를 정비해서 테스트를 딱 했지. 불량률이 0.5%에서 0.2%로 확 줄더라고. 그랬더니 공장장님이 금일봉을 내리셨어. 내가 반 딱 잘라서 김 팀장한테 여기 특산물을 잔뜩 보냈지. 김 팀장을 동기로 둬서 진짜 자랑스럽고 고마워."

거실에는 여수산 수산물의 냄새가 가득했다. 마치 여수 밤바다의 시원한 바람을 맞으며 드라이브하는 듯했다.

11

기술 통계

멤버십 회원 데이터를 검토해서 시사점을 찾으라고요?

김 팀장은 월요일 아침 일찍 열린 본부 팀장회의에 참석했다. 전날 새벽부터 중요한 고객과 골프를 치고, 저녁에는 동창들과 늦게까지 술을 마신 터라 몹시 피곤했다. 하도 잠이 쏟아져서 꾸벅꾸벅 졸다가 갑자기 쾅 하는 큰 소리가 나서 눈을 번쩍 떴다. 본부장이 주먹으로 책상을 내리친 것이었다.

"이거 보세요, 문 팀장! 무슨 보고를 이따위로 하는 겁니까? 이게 뭐예요, 이게? 우리 본부 멤버십 회원 데이터를 분석해 오라니까, 나이는 평균 몇 살이고, 구매액은 평균 얼마고, 평균 소득수준은 얼마고… 무슨 죄다 평균밖에 없어요. 예? 평균 계산해 온 게 데이터 분석한 겁니까? 이런 건 알바가 하는 일 아닙니까?"

김 팀장은 떨리는 심장을 진정하고 회원관리팀 문 팀장을 쳐다봤다. 고개를 푹 숙인 채 어쩔 줄 모르는 표정을 짓고 있었다. 김 팀장은 깜짝 놀아서 무슨 일 때문인지는 몰랐다. 하지만 문 팀장의 눈빛에서 '내가 뭘 어쨌다고 이러는 겁니까'라는 항의가 느껴졌다. 그때 본부장이 말을 이었다.

"이거 안 되겠네… 음… 아. 김 팀장, 영업1팀 김 팀장!"

김 팀장은 본부장이 갑자기 부르는 소리에 벌떡 일어섰다.

"아, 네, 본부장님."

"아니, 뭐 일어설 건 없고요. 이 건은 김 팀장이 문 팀장을 도와주세요. 김 팀장이 제대로 좀 분석하고, 또 데이터로 분석하는 방법을 문 팀장에게 좀 알려줘요. 어떻게 하면 되는지 김 팀장은 잘 알죠?"

김 팀장은 문 팀장이 뭘 어떻게 보고했는지도 모르겠고, 뭘 도우라는지는 더 모를 일이었다. 그래도 일단 본부장 지시이니 대답부터 했다.

"아, 네, 본부장님. 제가 문 팀장과 상의하겠습니다."

"네, 두 사람은 회의실에 남아서 논의 좀 하세요. 어떻게 할 건지 퇴근 전까지 내 방으로 보고하러 오세요. 자, 다들 일 좀 제대로 합시다. 네?"

심화 | 다른 부서의 데이터 문제를 해결하다

회의가 끝나자 모두 회의실을 나갔고 문 팀장과 김 팀장만 자리에 남았다. 문 팀장은 억울한 표정을 지으며 먼저 말을 꺼냈다.

"아니, 김 팀장님. 제가 뭘 그리 잘못 보고했다고 본부장님이 저러는 거예요? 주말에 무슨 열 받는 일이 있었나? 나 참…. 김 팀장님도 아까 제가 보고하는 거 보셨잖아요. 회원 데이터를 그럼 평균으로 보고하지 뭘로 보고합니까?"

"저기, 문 팀장님. 제가 아까 사실… 잠깐 졸았거든요. 뭘 보고하셨는지 제가 잘 못 들었어요. 일단 나가서 커피 한잔하면서 얘기하시죠."

두 사람은 사무실 건물 밖으로 나가 커피숍에 들어갔다. 아메리카노를 한 잔 마시니 잠이 좀 깨는 것 같았다.

"문 팀장님, 아까 뭘 보고하신 거예요?"

"그게요. 본부장님이 이번에 우리 본부 멤버십 회원 현황을 보고하라고 했어요. 현황이 뭐예요? 회원이 몇 명이고, 몇 살이고, 소득수준이 얼마고, 뭐 이런 데이터잖아요. 그래서 합계랑 평균이랑 내서 보고했죠. 그랬더니 왜 평균만 보고하냐 이러시는 거예요. 아니, 그럼 평균 말고 뭘 보고해야 해요? 나 참. 김 팀장님이 좀 말씀해보세요. 평균 말고 뭐가 있어요?"

문 팀장 말이 일리가 있었다. 보통 현황이라고 하면 합계나 평균 정도로 보고했다. 그것 말고 더 보고할 게 있던가? 김 팀장 머릿속이 복잡해지고 있었다.

"김 팀장님, 혹시 본부장님이 그런 거 말씀하시는 거 아니예요? 중간값 같은 거요. 또 뭐 있죠? 그… 최댓값, 최솟값… 뭐 이런 거요."

김 팀장은 그제서야 지금 상황을 이해했다. 본부장의 의도는 단순히 회원 현황이 아니라, 회원 데이터를 분석해서 데이터의 어떤 특성을 파악하라는 것이었다. 데이터에서 어떤 시사점을 도출하고 싶은 것이었다. 그런데 김 팀장도 이런 건 잘 몰랐다. 일단 황보 교수에게 전화하는 게 빠를 일이었다.

"문 팀장님. 일단 제가 급한 메일을 좀 보내고 나서 팀장님 자리로 갈게요. 아까 그 보고 자료 좀 저한테 메일로 보내주세요. 원본 엑셀 파일도 같이 보내주시고요."

김 팀장은 문 팀장과 헤어지고 나서 회의실로 들어가 노트북을 열고 황보 교수에게 화상회의를 요청했다.

황보 교수, 요즘 아무 때나 자꾸 전화해서 미안합니다.

저 좀 도와주세요. 아니, 그냥 저를 수제자로 받아주십쇼. 네?

제가 김 팀장을 어찌 제자로 받습니까? 그냥 편하게 아무 때나 아무거나 물어보세요. 저도 현업 시절에는 데이터 분석하다 어려울 때 누구 하나 편하게 물어볼 사람이 있었으면 했거든요.

상황은 이렇습니다. 회원관리팀에 문 팀장이라고 있어요.

그분이 우리 본부가 관리하는 멤버십 회원 현황을 보고하다

본부장에게 오늘 엄청 깨졌거든요. 왜 평균만 보고하냐 이거예요.

그런데 가만 생각해보니 데이터에서 어떤 특징을 찾고,

다양한 통계를 분석해서 시사점을 보고해야 할 것 같은데….

그럴 땐 어떻게 해야 하나요?

기술 통계를 말하는 것 같네요.

기술 통계요? 기술 통계라고 하면… 기술과 관련된 통계인가요?

테크니컬 스태티스틱스Technical Statistics?

아니요. 기술 통계에서 기술은 그 기술이 아니고요. '서술하다, 설명하다' 할 때 쓰는 기술(記述)입니다. 영어로는 디스크립티브 스태티스틱스Descriptive Statistics라고 하고요. 어떤 대상의 특징 같은 것을 있는

그대로 말하거나 적는 거죠. 기술 통계는 표본 자체의 속성이나 특성을 파악하는 데이터 분석 방법입니다.

예를 들어 김 팀장이 팀원 두 명에게 어떤 일을 협업해서 하라고 지시할 때 두 팀원의 속성, 그러니까 경험이나 성격, 그동안 한 일이나 지금 하는 일, 전문성이나 커뮤니케이션 능력 같은 정보를 토대로 둘이 협업을 잘할지 판단하잖아요. 이때 두 사람의 관계, 즉 두 변수의 관계를 추론하기 전에 각 변수의 속성을 정확히 파악하는 일이 필요하죠.

멤버십 회원 데이터를 분석하는 것이 결국 우리가 하려는 프로모션과 잘 매칭하기 위한 것이니까, 멤버십 회원 데이터에 어떤 특징이 있는지 알아야 한다는 말씀이군요. 그 방법이 기술 통계고요.

그렇죠. 기술 통계를 보는 또 다른 이유도 있어요. 기술 통계는 데이터를 체계적으로 요약해줍니다. 보통 데이터를 요약할 때 평균을 많이 사용하죠. 하지만 평균이 가진 함정이 있어요. 예를 들어 우리 고객이 20대가 50%이고, 40대가 50%라고 해보죠. 평균을 내면 우리 고객의 나이는 얼마일까요?

30대, 대충 35세 정도 되겠네요. 어, 그런데 이러면 안 되겠네요. 엉뚱한 사람이 우리 고객을 대표하겠는데요?

그렇죠. 실제 고객은 20대와 40대인데, 막상 평균을 내면 35세가 고객이 되는 오류가 생기죠. 그래서 평균 외에 여러 가지를 더 봐야 합니다. 이때 보통 기술통계량이라는 것을 봅니다.

기술통계량이요?

네, 평균도 기술통계량의 하나입니다. 최댓값, 최솟값이라는 용어는 들어보셨죠?

들어는 봤습니다만 평소에 사용해본 적은 없어요.

아마 그럴 겁니다. 그런데 엑셀에서도 쉽게 확인할 수 있어요. 지금 보여주시는 엑셀 데이터 있죠. 문 팀장에게서 받은 거요.

네, 문 팀장한테 원본 엑셀 파일을 달라고 했거든요.
회원이 대략… 만 명 정도 됩니다.

좋아요. 그럼 절 따라 해보세요. 엑셀에서 기초통계량을 바로 확인할 수 있는 방법을 알려드릴게요. 기초통계량을 한 번에 보려면 우선 데이터 분석 기능을 추가해야 합니다.
엑셀 파일에서 **파일** 메뉴를 클릭한 다음 왼쪽 맨 아래에서 **옵션**을 선택하세요. 그러면 다음 그림처럼 Excel **옵션** 대화상자가 나타납니다. 여기서 ① **추가 기능**을 클릭해서 ② **분석 도구**를 선택하세요. 그다음 ③ **이동**

버튼을 누르시면 됩니다.

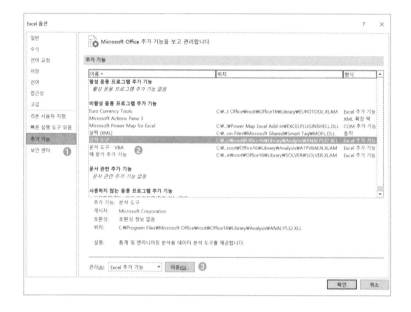

이제 추가 기능 화면이 나타나면 다시 ① 분석 도구를 체크하고, ② 확인
을 누르세요.

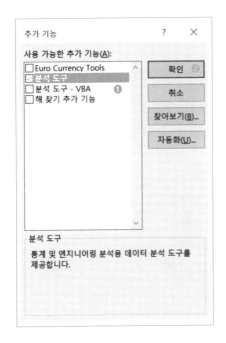

눌렀는데… 아무것도 달라진 것이 없는데요?

엑셀 리본 메뉴에서 데이터 탭을 클릭하고 맨 오른쪽을 보세요. 분석
섹션이 새로 생기고 데이터 분석 메뉴가 보이죠?

네, 보이네요.

　　이제 기초통계량을 만들어보죠. 데이터 분석 메뉴를 클릭하세요. 그러면 **통계 데이터 분석** 대화상자가 나타납니다. 여기에 많은 분석 도구가 있어요. 그중에 ① **기술 통계법**을 클릭하고, ② **확인** 버튼을 누르세요.

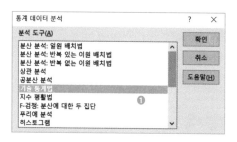

　　기술 통계법 대화상자가 나타나면 ① **입력 범위**에 데이터 범위를 지정하세요. 데이터 양이 많으니까 여기서는 모두 선택하지 말고, 보이는 행까지만 20개 정도 선택하세요. ② **첫째 행 이름표 사용**을 체크하고 ③ **새로운 워크시트**를 선택하고 ④ **요약 통계량**을 체크하고 마지막으로 ⑤ **확인**을 클릭하세요.

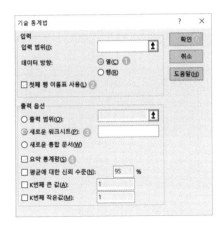

그러면 다음 그림처럼 기술통계량이 짠 하고 나타날 겁니다.

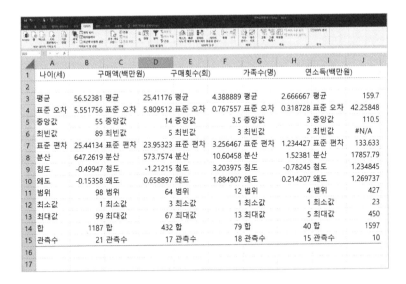

이런 기능이 엑셀에 있었단 말이에요? 이건 최신 기능인가요?

    아뇨, 오래전부터 있었던 기능입니다.

하하, 그렇군요. 여기 뭔가 값이 굉장히 많은데요. 평균이 있고요.
최솟값, 최댓값도 있네요. 여기는 '최소값', '최대값'으로 나오네요.
순우리말과 한자어가 결합해서 만들어진 합성어에서 뒷말의 첫소리가
된소리가 되면 사이시옷을 써야 하죠. '최솟값', '최댓값'으로요.

    아, 그건 저도 몰랐는데요. 김 팀장 전공이 국문학이죠? 역시.

국문과 나와서 데이터를 분석하려니 아주 힘들어 죽겠습니다, 하하.
그런데 여기 나이를 보면 최솟값이 1이 나오네요.
이건… 잘못된 거잖아요. 나이가 한 살이라니요?

    확실히 잘못됐죠. 우리가 기초통계량을 보는 이유도 바로 이런 식으
    로 데이터가 잘못되었을 때 그걸 찾기 위해서예요. 즉, 데이터를 그대
    로 사용해도 좋을지, 아니면 데이터를 가공하거나 어떤 조치를 취해
    야 하는지 결정하기 위해서 기초통계량을 보는 겁니다.
    보통 많은 사람들이 이런 걸 안 보거나, 또는 못 보고 지나갑니다. 실
    제로 우리가 가진 데이터는 누더기일 때가 많아요. 그래서 데이터 분
    석가를 데이터 청소부라고 해도 틀리지 않아요. 이런 데이터가 나오

면 일일이 치우고 고쳐야 하기 때문이죠.

데이터 분석가가 잘 발견하지 못하는 것은 사실 따로 있어요. 지금은 나이라는 값을 봤잖아요? 그런데 나이는 상식적으로 마이너스가 되면 안 된다는 걸 다 알죠. 하지만 연소득이 100억 원이라고 하면 이게 맞는지 안 맞는지 헷갈리겠죠. 그래서 이런 건 도메인 전문가, 즉 그 비즈니스를 잘 아는 현업의 전문가가 같이 봐야 합니다.

데이터 분석가에게만 맡겨서는 안 되겠군요.

결국 저나 우리 팀원 모두 데이터를 볼 줄 알아야겠네요.

알겠습니다. 그런데 여기 표준오차도 있고… 표준편차도 있네요.

표준편차는 들어봤는데 표준오차는 뭔가요?

사실 표준편차도 잘 몰라요, 하하하.

표준오차 Standard Error 는 표본을 여러 번 뽑았을 때 표본 평균들의 표준편차입니다. 그런데 비즈니스에서는 일반적으로 표본 추출을 한 번만 하기 때문에 표준오차가 있을 수 없어요. 그래서 이런 경우에는 이론적으로 값을 계산한 것이어서 김 팀장은 신경 쓰지 않아도 됩니다.

여기서 중요한 것은 표준편차 Standard Deviation 입니다. 표준편차는 각각의 값이 평균에서 얼마나 떨어져 있는지 알려줍니다. 예를 들어 나이 평균이 56세고 표준편차가 25세라고 해보죠. 이 말은 데이터가 56세를 기준으로 평균 25세만큼 떨어져 있다는 뜻입니다.

표준편차는 σ(시그마)로 표기하는데요, 이 분포가 정규 분포라고 가정

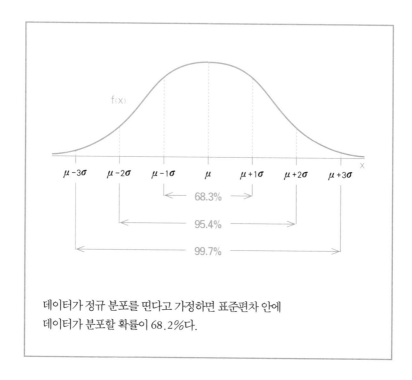

데이터가 정규 분포를 띤다고 가정하면 표준편차 안에
데이터가 분포할 확률이 68.2%다.

하면 '평균-1σ'는 평균 56세에서 표준편차 25세를 뺀 31세가 됩니
다. '평균＋1σ'는 평균 56세에서 표준편차 25세를 더한 81세가 되겠
네요. 즉 고객의 연령이 31세부터 81세 안에 분포할 확률이 68.3%라
는 거죠.

그런데 이런 걸 알아야 하는 이유가 뭔가요?

우리가 하는 상당수의 추론 분석은 데이터가 정규 분포를 띤다고 가

정하고 분석합니다. 그런데 만약 정규 분포를 안 띠면 문제가 생기는 거죠. 분석 결과가 가정과 달라지면 데이터 분석 결과가 현상을 제대로 반영하지 못하게 됩니다. 이런 문제는 보통 데이터의 양이 작거나, 데이터가 특정 경향을 띨 때 더 자주 발생합니다. 그래서 기술통계량과 분포를 보고 데이터가 어떻게 생겼는지 확인하는 습관을 들여야 해요. 실제로 현실에서는 데이터가 정규 분포를 띨 가능성이 거의 없어요. 그래서 데이터가 어떤 모양인지, 즉 어떻게 분포되어 있는지 보기 위해 왜도와 첨도를 확인하는 거죠.

예를 들어 임원 연봉 분포를 살펴보죠. 요즘 상장사 공시 자료를 보면 임원 평균 연봉이 나오는데요, 많은 임원이 실제 받는 것보다 공시 자료의 연봉이 더 많다고 해요. 그건 회장이나 사장 등 고위급 임원이 수십억 연봉을 받아서 그래요. 이런 특징을 확인해야 데이터를 제대로 분석할 수 있습니다.

그렇군요. 그래서 왜도와 첨도를 봐야 하는 거군요. 왜도Skewness의 '왜'는 '역사를 왜곡하다' 할 때 쓰는 그 왜(歪)인가요?

네, 그 글자가 맞습니다. '왜' 자에는 '기울다', '비뚤다', '바르지 아니하다'라는 뜻이 있잖아요. 즉 왜도는 분포를 그림으로 그렸을 때 왼쪽이나 오른쪽으로 기울어진 정도를 말합니다. 왜도 값이 0이면 완전 대칭입니다. 값이 0보다 커지면, 즉 양수이면 오른쪽으로 꼬리가 길어져요. 왼쪽으로 치우치는 거죠. 왜도가 0보다 작아지면, 즉 음수이면 왼쪽으로 꼬리가 길어집니다. 오른쪽으로 치우치는 거죠.

그럼 왜도가 얼마 정도 되어야 좋은 건가요?

보통 왜도가 ±2 사이이면 정규 분포에 가깝다고 봅니다. 이때는 그
냥 정규 분포라 생각하고 데이터를 분석해도 큰 무리가 없어요. 하지
만 왜도의 절댓값이 2를 초과하면 이를 바로잡아야 합니다.

다행히 멤버십 회원 데이터에서는 나이, 구매액, 구매 횟수, 가족 수,
연소득 모두 ±2 사이네요. 이 정도면 데이터를 그대로 사용해도 됩
니다. 만약 왜도가 ±2를 초과한다면 데이터 분석가에게 정규 분포에
가깝게 조정해 오라고 하면 됩니다.

첨도는요? 왜도가 기울어진 정도라면, 첨도는 뾰족한 정도겠네요.

역시 국문과 출신답습니다. 첨(尖)이 첨탑에 쓰는 그 글자거든요. 그
래서 데이터의 분포 그림이 뾰족한 정도를 첨도 Kurtosis라고 합니다. 첨
도도 왜도랑 비슷하게 보면 됩니다. 원래는 첨도가 3일 때 완전 정규
분포입니다. 그런데 많은 소프트웨어가 3이라는 기준이 헷갈리니까
여기서 3을 빼서 0을 기준으로 보여줍니다. 즉, 첨도도 왜도와 같이
±2 사이에 있는지 확인하면 됩니다.

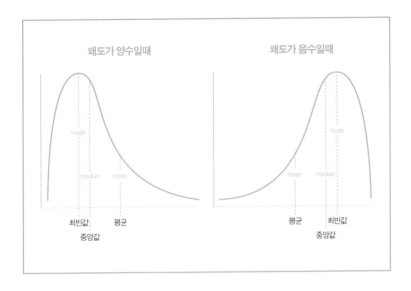

여기 보니까 구매 횟수의 첨도가 3.2네요. 이건 그럼 조정이 필요한가요?

네, 맞습니다. 그런데 여기는 임시로 20개 정도 데이터만 갖고 기초통계량을 본 거잖아요. 관측수는 보통 N으로 표현하는데요, 사용한 데이터 수가 적어서 이런 첨도 값이 나올 수 있어요. 전체 데이터를 놓고 보면 첨도 값이 달라질 수 있습니다.

관측수란 엑셀에서 행을 말하죠? 여기서는 고객 수요?

네, 맞아요.

그럼 관측수가 높아지면, 즉 고객 수가 많아지면 왜도나 첨도가
±2 안으로 들어오나요?

네, 데이터가 많아지면 정규 분포에 가까워질 가능성이 높습니다. 그래서 빅데이터가 좋아요. 빅데이터가 되면 사실 왜도나 첨도를 고려할 필요가 없어요. 하지만 일반적으로는 분석에 사용하는 데이터 개수가 적기 때문에 왜도와 첨도를 봐야 합니다.

여기 관측수가 좀 다른데요.
나이 관측수는 21, 구매액 관측수는 17, 구매 횟수 관측수는 18…
이건 데이터가 몇 개씩 빠져 있다는 거잖아요.
이럴 땐 어떻게 해야 하나요? 데이터를 임의로 집어넣나요?

그건 분석가가 판단합니다. 빠진 데이터를 결측값^{Missing}이라고 하는데요. 결측값에 평균이나 중앙값이나 최빈값을 넣기도 합니다. 현실에는 이렇게 결측값이 꽤 많아요. 예를 들어 연소득 정보를 최근에 가입한 회원에게만 물어서 데이터로 저장했다고 해보죠. 그럼 과거에 가입한 회원 데이터에는 연소득 값이 없겠죠.

나머지는 뭔가요? 중앙값Median은 데이터를 크기순으로 정렬했을 때 가운데 위치하는 값이잖아요. 최빈값Mode은 주어진 데이터에서 가장 많이 나오는 값이고요. 이건 원래 엑셀 수식이 있으니 대충 알겠어요. 분산, 범위, 합은 뭔가요?

범위는 최댓값에서 최솟값을 뺀 겁니다. 합은 모든 값을 다 합한 것이고요. 분산Variance은 각 데이터와 평균과의 차이(편차)를 합친 것입니다. 전체 데이터가 평균과 얼마나 차이가 나는지 보여주는데요. 앞에서 말한 표준편차는 분산에 루트를 씌운 겁니다. 분산보다는 표준편차를 보면 쉽게 이해할 수 있어요.

이제 저도 데이터가 잘생겼는지 못생겼는지 한눈에 보이네요. 그런데 제가 볼 때는 기술통계량을 전체 멤버십 회원으로 보지 말고 매장별로 보면 좋을 것 같아요. 매장별로 회원의 특성을 비교하면서 보면 어떨까요?

아주 좋은 생각입니다. 매장별로 기초통계량을 보면 서로 비교가 되니까 매장별 프로모션을 달리 할 수 있겠어요, 더 효과적으로요.

아, 잠시만요. 지금 문 팀장에게 전화가 왔네요. 잠시만요….

아, 죄송합니다. 본부장이 점심 약속이 있다고 해서 지금 바로

보자시네요. 일단 여기까지 들은 걸로 본부장한테 얘기해볼게요.

고맙습니다.

세 줄 정리

● 엑셀에서 데이터 분석 기능을 추가하여 기초통계량을 한 번에 볼 수 있다.

● 데이터 분석에 앞서 데이터의 분포가 정규 분포를 띠는지를 표준편차, 왜도, 첨도 등의 값으로 확인해야 한다.

● 데이터의 양이 커지면 정규 분포에 가까워지므로 데이터의 양은 많을수록 좋다.

보고 시간이 다 돼서 두 사람은 본부장실로 들어갔다. 본부장은 두 사람을 보자마자 어떻게 할 거냐고 물었다. 김 팀장이 대답했다.

"본부장님, 멤버십 회원 데이터가 제대로 되어 있는지부터 확인해야 할 것 같습니다. 일단 데이터가 정규성을 띠는지, 데이터가 빠지거나 잘못된

게 있는지 확인하겠습니다. 기술통계량을 분석해서 회원의 나이나 구매액, 가족 수나 연소득 등에서 특성을 뽑아보겠습니다. 특히 매장별로 어떤 특성이 있는지 비교 분석해서 프로모션을 매장별로 맞춤형으로 할 수 있게끔 시사점을 도출해보겠습니다."

본부장은 눈을 크게 뜨고 연신 고개를 끄덕였다.

"그렇지, 이래서 내가 김 팀장하고 협력하라 한 거예요. 문 팀장도 회원 관리를 이제 데이터로 하세요. 회원 데이터만 모으면 뭐합니까? 활용을 해야죠. 김 팀장이 문 팀장을 잘 도와주세요. 문 팀장이 데이터 분석만 좀 하면 팀 역량이 아주 획기적으로 높아질 겁니다. 그렇죠, 문 팀장?"

"아, 네. 맞습니다."

문 팀장은 자기가 데이터 분석에 약하다는 생각을 이전에도 했다. 하지만 막상 어떻게 해야 하는지 몰라서 막막했던 터였다. 차라리 이번 기회에 김 팀장 도움을 받아서 팀의 데이터 분석 역량을 획기적으로 높이는 것이 새로운 기회일 수도 있을 것 같았다.

김 팀장은 이제 데이터 분석이 대세라는 생각이 들었다. 당장은 데이터가 많은 팀부터 시작하겠지만, 점점 데이터를 수집하고 개발하는 일도 많아질 것이다. 팀장들 가운데서 데이터 분석에 강한 팀장이라는 이미지를 부각하는 것이 몸값을 높일 기회라는 생각도 들었다.

12

상자 그림

사장님께 매장별 회원 특성을
시각화해 보고하라고요?

　　며칠 전 회원 데이터를 기술통계량으로 같이 검토했던 문 팀장
에게서 전화가 왔다.

　　"김 팀장님, 저 회원관리팀 문 팀장입니다. 그저께 본부장님한
테 회원 관리 데이터 분석하겠다고 보고한 거 있죠. 방금 본부장
님으로부터 전화 왔는데요. 이 건을 다음 주 전사 경영회의 때 제
가 직접 사장님께 보고하랍니다."

　　"네? 사장님께 보고요? 음… 이번에 사장님께 눈도장 제대로
찍을 기회네요. 축하합니다."

　　"네. 아무튼 김 팀장님 덕분에 좋은 기회도 되겠지만, 잘못하면

완전 망하게 됐어요."

"망하다니요. 문 팀장님 언변이면 사장님이 아주 흡족하실 겁니다."

"말은 제가 좀 하는데요. 그래서 그런지 본부장님이 이번 보고서는 사장님이 한눈에 알아보기 쉽게 표현하라고 지시하셨어요. 그림 같은 걸로요. 데이터 분석 결과를 숫자로만 늘어놓으면 사장님이 이해 못하시니까요."

"시각화를 하긴 해야겠네요. 일단 점심이나 같이하면서 얘기하시죠."

두 사람은 점심을 먹으면서 본부장 홍도 보고 사장이 좋아하는 보고서 스타일도 논의했다. 그런데 데이터 분석 결과를 그림으로 표현하는 일은 김 팀장이 보기에 좀 막막했다. 이건 황보 교수에게 좀 더 물어봐야 할 것 같았다.

"문 팀장님, 일단 제가 말씀드린 대로 기술통계량으로 먼저 분석을 해보세요. 그림 그리는 건 이따 오후에 다시 얘기하시죠."

김 팀장은 문 팀장과 헤어지고 나서 회의실로 직행했다. 바로 황보 교수를 화상회의에 초대해서 본부장실에서 있었던 일들을 설명했다.

황보 교수, 지난번에 회원관리팀 문 팀장이 사장님께 회원 데이터

분석 결과를 보고한다고 했잖아요. 그걸 본부장님이 시각화를 해서

보고하라고 하셨어요. 매장별 특성을 그림으로 딱 보여주면

좋겠는데, 어떤 그림을 보여줘야 하나요?

막대그래프는 좀 아닌 것 같은데요.

데이터의 특성을 비교해서 보여준다고 하면, 음… 상자 그림 Box Plot 을

보여주는 게 좋겠네요.

다음 그림이 상자 그림입니다. X축의 A, B, C…를 A매장, B매장, C

매장…으로 볼 수 있습니다. Y축은 나이나 구매액 같은 지표 하나라

고 보면 되고요. 예를 들어 Y축을 연소득이라고 하면 매장별 회원의

연소득 분포가 어떻게 되는지 한눈에 볼 수 있죠.

상자 그림이요? 그런데 이거 어디서 많이 본 것 같은데요.

증권사 트레이딩 앱에서 본 주식 봉차트랑 비슷하네요.

그러고 보니 김 팀장이 주식 좀 하시죠?

그냥 요즘 취미로 하는 거죠. 그런데 봉차트는 상자 몸통 윗변이나

아랫변이 시가나 종가를 뜻하고, 머리 끝이 고가, 꼬리 끝이 저가를

뜻하잖아요.

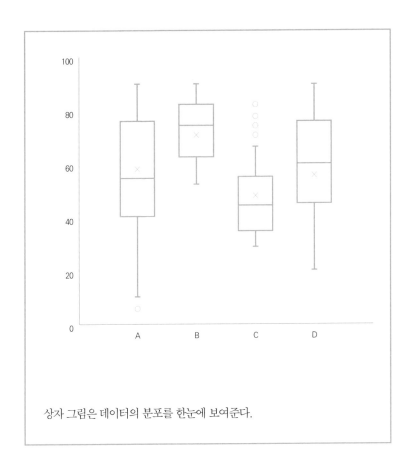

상자 그림은 데이터의 분포를 한눈에 보여준다.

주식에서 봉차트, 즉 캔들차트Candlestick Chart는 뒤에 나오는 그림처럼 고가, 종가, 시가, 저가 정보를 보여주죠.

상자 그림은 모양은 봉차트와 비슷하지만 보여주는 정보가 좀 다릅니다. 상자 그림은 평균, 중간값, 최솟값, 최댓값, 사분위수, 이상치를 보여줍니다.

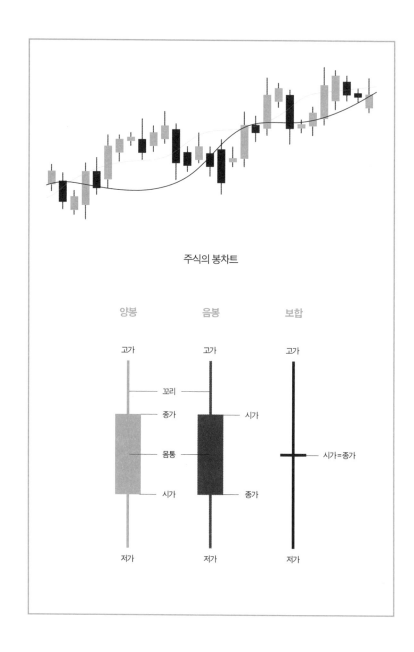

주식의 봉차트

| 양봉 | 음봉 | 보합 |

고가 — 꼬리 — 종가 — 몸통 — 시가 — 저가

고가 — 시가 — 종가 — 저가

고가 — 시가=종가 — 저가

이 그림을 A 매장 멤버십 회원의 연간 구매액이라고 가정하죠. 맨 밑 꼬리 끝에 있는 가로선(또는 아래쪽 수염)은 최솟값Minimum; Min, 맨 위 머리 끝(또는 위쪽 수염)에 있는 가로선은 최댓값Maximum; Max입니다. 상자 몸통의 아랫변은 1사분위수Quartile 1, 즉 밑에서부터 4분의 1인 25% 지점을 의미합니다.

멤버십 회원 100명을 구매액 순위로 나열했을 때 꼴찌에서 25번째라는 뜻인가요?

네 맞아요. 위에서 보면 구매액 순위로 100명 중 75등이죠. 이걸 1사분위수, 또는 Q1라고 합니다. 그러면 3사분위수Quartile 3, 또는 Q3는 위에서 25등을 의미할 텐데요, 그게 상자 몸통의 윗변입니다.

잠시만요. 최댓값과 최솟값은 가로 선으로 표현했잖아요.
그런데 Q1과 Q3는 왜 상자 모양이에요?

눈에 잘 띄라고요.

하하하. 단순하군요. 그럼 상자 안에 있는 가로 선은 Q2가 되겠네요.
그럼 이게 중간값인가요?

맞습니다. 이제 김 팀장도 데이터 분석가가 다 되었네요. 그럼 평균은
어디 있을까요?

평균은 여기 +로 표시된 것인가요?

네, 맞습니다. 기호는 +, ×, ◇ 등 소프트웨어마다 다양하게 표시합
니다.

다른 그림을 하나 더 보죠. 여기서 상자 몸통의 세로 범위를 IQR Inter-
quartile Range , 즉 사분위수 범위라고 합니다. 여기서는 Q1에서 Q3까지
이니까 25%에서 75% 구간이죠.

보통 IQR의 세로 높이에 1.5를 곱한 만큼을 정상적인 데이터 범위로
보고 그 선을 점선으로 나타냅니다. 점선 바깥에 있는 값을 아웃라이
어, 즉 이상치로 판단하는 겁니다.

최댓값이나 최솟값이 IQR 1.5 범위 안에 있으면 당연히 아웃라이어

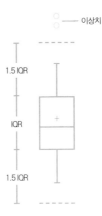

이상치

1.5 IQR

IQR

1.5 IQR

가 없겠죠. 그런데 만약 최댓값이나 최솟값이 IQR 1.5 범위 밖에 있으면, IQR 1.5 범위 안에 있는 것 중에 가장 큰 값과 가장 작은 값을 최댓값과 최솟값으로 하고, 나머지는 아웃라이어라고 합니다.

굳이 이렇게 하는 이유는 아웃라이어를 찾아서 조치하기 위해서예요. 실제 데이터가 아니거나 데이터가 잘못 입력되었거나, 실제 데이터라 하더라도 예외적인 값이라면 분석에서 제외하는 편이 나으니까요.

이런 경우도 있지 않나요?

아웃라이어가 무진장 많은 경우요.

그렇다면 아웃라이어 그룹 자체가 어떤 경향이나 현상을 의미할 겁니다. 다음 그림을 보죠. 보통 왼쪽 위처럼 아웃라이어가 한두 개 떨어져 있으면 데이터를 제거하는 것이 좋습니다. 그런데 오른쪽 아래처

럼 아웃라이어가 상당수 모여 있다면 이때는 중요 변수가 누락된 것
은 아닌지 확인해봐야 합니다.

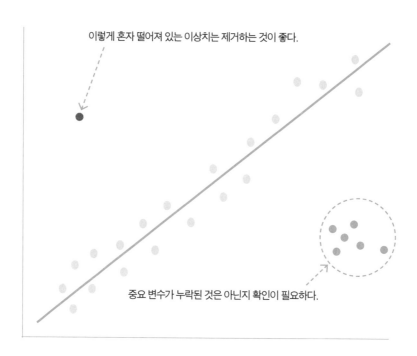

이렇게 혼자 떨어져 있는 이상치는 제거하는 것이 좋다.

중요 변수가 누락된 것은 아닌지 확인이 필요하다.

상자 그림을 이제 대강 이해한 것 같네요. 그러면 매장별로
상자 그림을 그려서 대조해보면 매장별 특징이 나타나겠군요.

　그렇죠. 예를 들어 나이를 변수로 해서 매장별로 상자 그림을 그려보
면 다음과 같이 나타날 수 있겠네요.

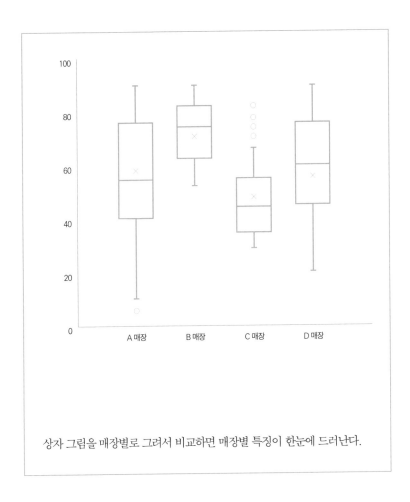

상자 그림을 매장별로 그려서 비교하면 매장별 특징이 한눈에 드러난다.

이런 식으로 상자 그림을 사용하면 매장별 특징을 한눈에 파악할 수 있죠. 이건 김 팀장이 해석해보면 어떨까요? 사실 데이터 분석가보다는 업무 전문가가 더 잘 분석할 겁니다. 데이터 분석가의 역할은 사실 여기까지예요.

그럼 이건 제가 회원관리팀 문 팀장에게 연습문제로 내보죠.

덕분에 오늘도 많이 배웠습니다. 그러고 보니 문 팀장이 평균만 달랑

들고 왔을 때 본부장이 화낼 만도 했네요. 저도 이제부터는 팀원이

평균만 계산해 오면 기초통계량을 구하고 상자 그림도 그려 오라고

해야겠어요.

맞아요. 기초통계량을 숫자로만 보면 분석에 한계가 있어요. 제대로
된 분석가라면 먼저 그림으로 그려서 전반적인 데이터의 분포를 봐야
합니다. 운전면허를 딴 지 얼마 안 된 운전자는 도로가 모두 자기 세
상인 양 운전하는 경우가 많죠. 반면에 베테랑 운전자는 도로의 전반
적인 상황을 파악하고요. 반대편 차선의 차량, 보행자의 움직임, 신호
체계 등을 포함해서요. 데이터 분석가도 데이터가 빠지지 않고 잘 있
는지, 데이터가 정규성을 띠는지, 이상치나 놓치는 것이 없는지 그림
을 그려서 꼭 확인해야 합니다.

그런데 학교에서도 이걸 실습해볼 기회가 많지 않아요. 학교에서는
정규성을 가진 '이상적인' 데이터를 가지고 이론을 공부하는 경우가
많거든요. 하지만 실전에서는 그런 이상적인 데이터가 거의 없죠. 항
상 어디가 텅 비어 있거나, 값이 안 맞거나, 정규성은커녕 이상한 분
포를 가진 데이터를 만나는 경우가 엄청 많아요. 그래서 현업에서는
일단 데이터가 어떻게 생겼는지부터 확인해야 합니다.

덕분에 많이 배웠습니다.

나중에 사장님께 보고하고 나서 어떻게 됐는지 바로 알려드릴게요.

세 줄 정리

- 기술통계량을 시각화할 때 상자 그림을 그려서 비교하면 좋다.

- 최댓값과 최솟값의 한계는 IQR에 1.5를 곱한 구간이다.

- 아웃라이어를 발견하였을 경우 이를 제거하는 것이 원칙이지만, 아웃라이어가 상당수 뭉쳐 있을 때는 중요 변수가 누락된 것은 아닌지 확인해야 한다.

한 주가 지나 문 팀장에게서 전화가 왔다. 그러고 보니 오전에 전사 경영회의가 있어서 본부장이 문 팀장과 같이 본사에 갔던 터였다.

"문 팀장님. 전사 경영회의 끝났나요? 어떻게 보고는 잘⋯."

"아이고, 김 팀장님. 오늘 저녁 시간 비워두십시오. 제가 한턱, 아니 백턱을 내겠습니다. 오늘 사장님한테 칭찬을 엄청 들었습니다. 오랜만에 좋은 보고 들으셨다면서 다른 팀도 이제 이런 식으로 데이터에 근거해서 보고하고 액션 플랜을 짜라고 하셨어요. 이게 다 김 팀장님 덕분입니다. 다음에 언제든 제가 도울 일이 있으면 말씀하세요. 제가 아주 전폭적으로 도와드리겠습니다."

김 팀장은 이런 식으로 여러 팀장의 문제를 해결하다 보면 언젠가 다른 팀장의 도움이 필요할 때 든든한 배경이 되겠다는 생각이 들었다. 김 팀장의 입가에 흐뭇한 미소가 흘렀다.

3 APPLICATIONS

응용 | 데이터로 비즈니스를 혁신하다

13

추천 시스템

회사 온라인 쇼핑몰의 추천 화면을 바꿔서 매출을 높이다

김 팀장은 여느 날처럼 출근해서 일하고 있었다. 그런데 갑자기 사장 비서실에서 전화가 왔다.

"김 팀장님, 사장 비서실입니다. 사장님이 김 팀장님을 찾으십니다. 오후 4시에 본사 사장실로 오십시오."

"네? 사장님이 절 찾으신다고요? 저만요? 무슨 일로요?"

"네, 김 팀장님만 부르셨습니다. 오후 4시부터 5시까지 1시간 예약하셨습니다. 무슨 일인지는 저희도 모릅니다."

김 팀장은 깜짝 놀랐다. 회사에 팀장이 수백 명인 마당에 사장이 자기를 콕 집어 부를 일은 거의 없었다. 김 팀장은 바로 본부장실로 달려갔다. 본부장도 금시초문이었다.

일단 김 팀장은 본사로 출발했다. 운전하는 내내 대체 사장님이 왜 자기를 불렀는지 그간 했던 일들을 하나하나 따져봤다. 그런데 아무리 생각해도 사장이 자기를 부를 이유가 없었다. 김 팀장은 생각을 멈추고 일단 사장실로 향했다.

"사장님, 서울남부영업본부 영업1팀 김○○ 팀장 왔습니다."

비서가 사장실 문 앞에서 김 팀장을 사장에게 소개하더니 들어가라고 손짓을 했다. 김 팀장은 크게 인사하고 사장실로 들어갔다.

"어, 김 팀장, 어서 와요. 일단 자리에 앉아요. 내가 요즘 김 팀장이 데이터 분석으로 여기저기서 활약하고 있다고 들었어요. 그래서 김 팀장에게 특별한 임무를 주려고 불렀습니다."

역시 데이터 분석이었다. 김 팀장은 잔뜩 긴장해서 주먹을 꽉 쥐었다. 손에서 쥐가 날 듯했다. 사장은 그런 김 팀장을 뚫어지듯 쳐다보며 말을 이었다.

"오늘 아침에 내가 CEO 조찬 모임에 갔어요. 거기서 뭘 들었냐 하면, 넷플릭스 알죠? 컴퓨터나 스마트폰으로 영화나 드라마를 무제한으로 보게 해주는 서비스요. 그 넷플릭스가 추천 시스템을 아주 잘 만들어서 놀라운 성과를 냈다는 거예요. 그게 정확히 어떤 건지는 모르겠지만, 우리 회사 온라인 쇼핑몰에도 이런 추천 시스템이 있어야 하지 않겠나 하는 생각이 들었어요."

김 팀장도 넷플릭스 사례는 책이나 유튜브 강의로 본 적이 있었다. 디지털 트랜스포메이션이나 4차 산업혁명 사례로 종종 나왔다. 사용자가 영화를 몇 편 보면 그의 취향을 파악해서 적절한 영화를 추천해주는데, 이게 잘 들어맞아서 계속 영화를 보게 된다는 것. 그런데 우리 온라인 쇼핑몰에 추천 시스템을 붙인다고?

김 팀장의 머릿속에 회사 온라인 쇼핑몰이 떠올랐다. 회사 공식 온라인 쇼핑몰은 그다지 활성화하지 못했다. 회사가 오프라인 유통망으로 성장한 이유도 있고, 온라인 전문가가 없어서 운영을 외주에 다 맡기다 보니 제대로 관리도 안 되었다. 그런 온라인 쇼핑몰에 추천 시스템이라니?

사장이 말을 계속 이었다.

"김 팀장, 요즘 분위기가 온라인으로 많이 전환되고 있어요. 그렇죠? 그래서 지금 온라인 쇼핑몰을 외주로 운영하는 것을 인하우스로 돌릴까 고민입니다. 그러다 문득 김 팀장한테 우리 온라인 쇼핑몰에 추천 시스템 붙이는 일을 맡기면 어떨까 하는 생각이 들었어요. 데이터 분석으로 성과가 높아지는 걸 전사적으로 보여주는 계기도 되고요. 어때요? 한번 해보겠어요?"

"네? 아, 네…. 일단 맡아서 성과를 내보겠습니다."

김 팀장은 얼떨결에 하겠다고 대답하고 말았다. 갑자기 후회가 밀려왔지만 이미 내뱉은 말이었다. 하지만 이내 생각을 바꿨다.

이건 사장이 직접 지시한 일이다. 이 일을 잘 해내면 뭔가 보상이 있을 터다. 사실 실패한다 해도 밑질 건 없다. 자기 영역 밖의 일이기 때문이다.

　김 팀장은 본사를 나와서 본부로 돌아왔다. 본부장에게 보고하니 잘된 일이라며 급한 일 몇 가지를 빼주었다. 본부장에게도 내심 이번 일은 자기의 리더십과 안목을 내비칠 기회였다.

　김 팀장은 본부장실을 나오자마자 온라인 쇼핑몰을 담당하는 마케팅팀에 전화해서 관련 자료를 모두 받았다. 사실 마케팅팀에서도 온라인 쇼핑몰 담당자는 과장 한 명이었다. 대부분은 외주 IT 서비스 회사를 통해서 운영했다.

　김 팀장은 쇼핑몰 운영 자료를 며칠 살펴본 뒤 황보 교수에게 만나자고 연락했다. 두 사람은 조용한 카페에서 만났다.

황보 교수, 이번에 내가 사장님으로부터 특별 임무를 받았어요.
우리 회사에 온라인 쇼핑몰이 있는데요. 우리가 원래 오프라인 매장이
주력이라 온라인 쇼핑몰이 사실 잘 되진 않았어요.
회원은 많은데 매출 비중으로 치면 온라인이 오프라인의 10분의 1도
안 됩니다. 어쨌든 사장님 지시는, 분위기가 온라인으로 옮겨가고 있으니
여기에 넷플릭스처럼 추천 시스템을 넣어서 성과를 높여보라는 겁니다.

오, 아주 큰일을 맡으셨네요. 요즘은 어느 회사든 디지털, 온라인, 스마트, 즉 D.O.S.를 장악하는 사람이 성공하죠. 이번에 온라인 쇼핑몰에 발을 담그는 것도 좋습니다. 아무래도 그쪽에 데이터가 많고 데이터로 성과를 내기도 쉬우니까요.

아이고, 전 뼛속까지 영업쟁이입니다. 어쩌다 데이터 해결사가 되었지만, 이렇게 큰일을 맡으면 덜컥 겁부터 나요.

그래도 지금 회사에서 김 팀장만큼 데이터 분석을 잘 아는 사람이 없으니 자부심, 자신감 다 가지셔도 돼요.

일단 넷플릭스의 추천 시스템부터 얘기해보죠. 추천 시스템 사례로는 넷플릭스, 아마존, 구글, 링크드인 등이 유명하죠. 간단한 통계를 보면 넷플릭스에서 영화 시청의 3분의 2가 추천 시스템으로 발생합니다. 만약 김 팀장이 넷플릭스에서 영화를 10편 봤다면 그중 7편 가까이는 넷플릭스가 김 팀장에게 추천한 영화라는 뜻이죠.

실제로도 그래요. 제가 검색을 안 해도 제가 관심 있을 만한 영화나 드라마가 메인 화면에 뜨더라고요. 전 그냥 클릭하고 시청만 하면 되니까 편하긴 해요.

네, 아마존도 그래요. 아마존에서 팔린 상품의 3분의 1은 추천 시스템에 의한 것입니다. 구글 뉴스도 추천 뉴스를 클릭해서 보는 비율이 대략 38%고요. 링크드인에서는 입사 지원의 절반이 추천 시스템에 의해 발생하죠.

꽤 오래된 웹 서비스도 추천 시스템을 쓰네요. 우리 온라인 쇼핑몰은 메인 화면을 보면 그냥 상품이 랜덤하게 나오거나, 베스트셀러만 뜹니다. 너무 허접하죠? 그래서 첨단 추천 시스템을 도입하려는 겁니다.

김 팀장, 이건 좀 짚고 넘어갈게요. 추천 시스템이 추천하는 것은 크게 세 가지입니다.

첫 번째는 대체재예요. 대체재는 이 상품을 봤던 사람이 많이 봤거나 산 다른 상품이에요. 이건 안 살 사람을 사게 만드는 기술입니다. 일종의 경쟁 상품 추천이라고도 볼 수 있어서 같은 카테고리 내에서 추천을 해주죠. 카메라 상품이라면 유사한 카메라 상품을 추천하겠죠.

두 번째는 보완재입니다. 보완재는 이 상품을 산 사람이 추가로 산 제품이에요. 이건 제품을 더 사게 만드는 기술입니다. 좀 더 큰 카테고리에서 추천해주는데요, 카메라 상품이라면 카메라 액세서리나 렌즈 같은 상품을 추천합니다.

그렇죠. 사장님도 이런 것을 원하십니다. 이렇게 해서 안 살 사람도 사게 만들고, 살 사람은 더 사게 만들어야죠. 세 번째는 뭔가요?

세 번째는 베스트셀러입니다.

네? 베스트셀러요?

그것도 추천 시스템이 추천한다고 볼 수 있나요?

네, 베스트셀러도 추천 시스템이 추천하는 거예요. 굉장히 쉬운 방법이죠. 제가 김 팀장에게 문제를 내고 싶은데요. 대체재, 보완재, 베스트셀러 중에서 어떤 추천이 가장 효과가 좋을까요?

음… 가장 효과가 좋은 것은 당연히 대체재이지 않을까요?

안 살 사람을 사게 만드니까요.

아닙니다. 실제로 현업에서 실험해보면 가장 효과가 좋은 추천 시스템은 베스트셀러입니다.

베스트셀러가 가장 좋은 추천 시스템이라고요?

네. 지금 이용하는 쇼핑몰에 다 접속해보세요. 메인 화면 맨 위에 어떤 상품을 보여주는지 보세요. 거의 대부분 베스트셀러를 보여줍니다. 아니면 전략 상품이나 광고 상품을 먼저 보여주고, 그 밑에 베스트셀러를 보여주죠. '지금 제일 잘 나가는 상품', '오늘 많이 팔린 상품' 같은 식으로요.

그러고 보니 진짜로 쇼핑몰 대부분이 메인에서 베스트셀러를 보여주네요. 카테고리를 클릭해서 들어가도 그 카테고리의 베스트셀러를 보여주고요.

데이터 분석은 기본이 중요해요. 제가 학생들을 가르칠 때도 이 얘기를 자주 합니다. 새로운 기술이나 알고리즘이 많이 나와도, 유행하는 새로운 트렌드가 있더라도, 일단 기본을 먼저 챙겨야 합니다. 추천 시스템 중에 가장 기본이 되면서 누구나 쉽게 할 수 있는 것이 베스트셀러니까 이것부터 제대로 해야겠죠.

베스트셀러는 그냥 많이 팔린 순으로 보여주면 되는 거 아닌가요? 더 잘하는 방법이 따로 있나요?

당연히 따로 있죠. 예를 들어 어떤 쇼핑몰에 가전 카테고리가 있다고 하죠. 이 카테고리 안에는 영상가전, 계절가전, 주방가전, 미용가전 등이 소 카테고리로 나뉘어 있어요. 여기서 만약 김 팀장이 영상가전 카테고리에 있는 TV 상품을 클릭했다고 해보죠. 그러면 그 화면에 상품 설명이 쭉 나오고 아래에 추천 상품 목록이 뜨겠죠? 여기에 베스트셀러를 넣는다고 해봅시다. 그럼 어떤 카테고리의 베스트셀러를 보여주면 성과가 좋을까요?

음… 저라면 일단 가전 카테고리의 베스트셀러를 보여줄 것 같은데요.

네. 맞아요. 먼저 가전 카테고리에서 많이 팔린 순으로 베스트셀러를 보여주는 게 좋겠죠. 그리고 그 아래에 대체재를 추천하기 위해서 같은 소 카테고리, 즉 영상가전 카테고리의 '이 상품을 본 사람이 많이 본 상품'을 보여주면 좋죠. 그 밑에 보완재로 '이 상품을 본 사람이 추가로 본 제품'을 영상가전을 뺀 가전 카테고리로 보여주면 어떨까요?

아하, 카테고리 선정이 중요하다는 말씀이군요.

그렇죠. TV를 보러 들어온 사람이라면 일단 영상가전에 관심이 있으니 그 카테고리에서 하나씩 확장해서 추천해줘야 하는 거예요. TV 보러 온 사람에게 뜬금없이 화장품을 추천해서는 성과가 안 나온단 말입니다.

그럼 이건 어때요? 전에 뉴스에서 봤는데요. 기저귀를 사는 사람이 맥주를 많이 산다고 하더라고요. 그래서 매장에 기저귀와 맥주를 같이 뒀다는 거예요.

하하하, 저도 그 얘기를 잘 아는데요. 그건 정말 극단적인 사례입니다. 아주 특수한 해외 사례죠. 그런 걸 장바구니 분석이라 하는데요. 사례가 보여주는 결과는 매우 예외적인 케이스라고 생각하면 됩니다.

추천 시스템은 기본적으로 같은 카테고리 안에서 추천할 때 가장 효과가 좋습니다.

일단 카테고리를 잘 정비하는 것부터 시작하세요. 그다음에 기본적인 추천 알고리즘을 실험하면서 우리 쇼핑몰에 가장 적합한 알고리즘이 무엇인지 찾아야 해요. 무턱대고 최신의 추천 시스템을 적용한다고 해서 좋은 게 아닙니다.

일단은 기본을 먼저 챙기라는 말씀이시군요.

우선 우리 쇼핑몰의 카테고리 구조부터 정비해야겠네요. 고맙습니다.

세 줄 정리

- 추천 시스템이 추천하는 것은 대체재, 보완재, 베스트셀러다.

- 온라인 쇼핑몰의 추천 시스템에서 베스트셀러가 가장 좋은 성과를 내는 경우가 많다.

- 추천 시스템이 성공하려면 먼저 쇼핑몰의 상품 카테고리를 잘 정비해야 한다.

김 팀장은 먼저 쇼핑몰 운영 담당자를 만나 얘기를 들었다. 그는 10년 전에 쇼핑몰을 처음 오픈할 때 만든 상품 카테고리를 그동안 한 번도 바꾸지 않았다고 한다. 새로운 종류의 제품이 나올 때는 기존 카테고리 중 아무거나 비슷한 걸 골라서 넣었다고 한다. 그러니 카메라를 클릭하면 상품 설명 밑에 마우스가 맨 먼저 추천되는 등 엉망이었다.

김 팀장은 쇼핑몰의 카테고리를 모두 펼쳐놓고 분석했다. 온라인 쇼핑몰 담당자인 민 과장과 상의해 카테고리를 대분류, 중분류, 소분류 3단계로 체계화했다. 모든 상품 페이지에서는 대분류의 베스트셀러 10개, 소분류의 대체재 5개, 중분류의 보완재 5개를 보여줬다.

두 사람은 일주일 동안 매출을 지켜보았다. 매출은 이전 몇 주 평균과 비교해 15%가 늘었다. 황보 교수가 한 말 그대로였다. 김 팀장은 이 내용을 정리해서 사장에게 중간보고를 했다. 사장은 깜짝 놀라면서 이런 작은 성취가 중요하다며, 뭐든 지원할 테니 계속 도전하고 실험하라고 격려했다. 김 팀장은 데이터 분석이야말로 가장 도전적이면서 가장 빨리 성취를 맛볼 수 있는 일이라는 생각이 들었다.

14

협업 필터링

구매 정보를 분석하여 고객마다 추천 제품을 달리 보여주다

　김 팀장이 회사 온라인 쇼핑몰의 카테고리를 정비하고 추천 시스템 화면을 정리한 이후, 온라인 쇼핑몰의 매출은 15% 늘었다. 그러던 어느 날 본부장이 불렀다.

　"김 팀장, 이번에 회사 온라인 쇼핑몰 성과를 많이 높여서 내가 사장님한테 칭찬도 받았어요. 잘했어요."

　"감사합니다. 계속 더 성과를 내도록 해보겠습니다."

　"그래서 말인데요. 사실 난 추천 시스템이라고 하면 뭔가 개인화되고, 맞춤화된 그런 건 줄 알았어요. 또는 어떤 신기술이 적용된 거요. 그런데 이번에는 그냥 카테고리를 바꾸고, 추천 화면을 개선한 것밖에 없어서…. 아, 그렇다고 내가 김 팀장의 성과를 깎아내리려는 건 아닙니다. 오해 말아요. 그래도 무언가 더 획기적인 게 있으면 좋을 것 같아요. 그쪽은 내가 잘 모르지만, 그래도 뭔가 있을 거 같은데요. 그런 것 좀 해보세요."

"네, 말씀하시는 게 뭔지 잘 압니다. 이번에는 쇼핑몰을 1차로 개편한 거고요. 곧 2차 개편을 하려고 합니다. 말씀하신 부분들을 2차 개편에 반영해보겠습니다."

김 팀장은 일단 대답은 거창하게 했다. 황보 교수도 베스트셀러가 가장 성과가 좋다고 했던 터라 그다음에는 솔직히 뭘 해야 할지 몰랐지만 여태껏 배운 회귀나, 분류, 거리 측정 같은 것과는 좀 다른 게 있을 것 같았다. 김 팀장은 혼자 더 고민하는 것보다는 황보 교수에게 물어보는 게 낫겠다 싶어 바로 황보 교수를 만났다.

황보 교수, 지난번에 말해준 대로 쇼핑몰의 상품 카테고리를 개편하고, 베스트셀러를 추천 화면에 추가하고 나서 쇼핑몰 매출이 15% 늘었어요. 이게 다 황보 교수 덕입니다.

제 덕이라뇨. 김 팀장이 잘하신 거죠.

하하하, 그래서 이번에 쇼핑몰 2차 개편을 준비하고 있는데요.
위에서도 그렇고 사실 베스트셀러 위주의 추천 시스템이라고 하니
조금 김빠진 감이 있어요. 이번에는 좀 더 특별한 걸 보여줘야
할 것 같아요. 제가 회귀나 분류, 거리 측정 같은 걸 생각해봤는데
이건 좀 아닌 거 같고요. 무언가 다른 알고리즘 같은 게 없나요?

있죠, 당연히. 우리가 이전에 배운 k-평균 군집 분석을 활용해서 추천
알고리즘을 만들 수도 있어요. 추천 알고리즘은 여러 방법론을 기반
으로 해서 만들어지거든요.

우선 우측 그림을 보죠. 추천 시스템은 정보 필터링, 연관성 분석, 기
타 등 크게 세 가지로 나뉩니다. 맨 오른쪽 기타에는 지난번에 말씀드
린 베스트셀러가 있죠.

이 그림을 보니 추천 시스템이 참 다양하다는 느낌이 오네요.
그런데 가만 보니 정보 필터링 아래에 협업 필터링이 있는데,
이게 하위분류가 많네요. 협업 필터링이란 것이 중요한가 봐요?

맞습니다. 추천 시스템을 만든다고 하면 일반적으로 가장 많이 쓰는
알고리즘이 협업 필터링 Collaborative Filtering 이에요. 협업 필터링에도 여러
알고리즘이 있고요. 그중에서 메모리 기반 협업 필터링, 그 안에서도 사
용자 기반 협업 필터링이 가장 기본이니까 이것부터 보죠. 그 전에 질문
하나 할게요. 김 팀장은 쇼핑몰 데이터베이스를 보신 적이 있나요?

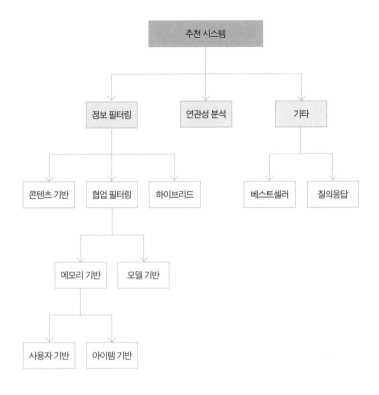

네, 보긴 했어요. 그런데 하도 복잡해서 뭘 어떻게 봐야 할지
잘 모르겠더라고요.

　　그렇죠. 원래 데이터베이스는 꽤 복잡하게 만들어져 있어요. 하지만
　　쇼핑몰 구매 데이터베이스를 아주 단순하게 만들면 결국 '어떤 사용
　　자가 어떤 상품을 샀다'라고 표현할 수 있겠죠.
　　그런데 이 값에 구매 내역이 아니라 상품 만족도를 넣어볼게요. 즉 어떤 사용자가 어떤 상품을 구매한 뒤 구매 만족도를 5점 척도로 대답했다면 다음과 같은 표가 되겠죠. 넷플릭스로 치면 사용자가 매긴 영화 평점이겠죠.

	상품1	상품2	상품3	상품4	상품5
사용자1	5	3	?		4
사용자2		2	2	3	3
사용자3	3	2		5	4
사용자4	4		3	2	
사용자5			1	4	

표에 보면 사용자1의 상품3에는 물음표가 있네요?

　네, 맞습니다. 우리가 지금 하려는 것이 바로 사용자1의 상품3에 대한 구매 만족도를 예측하는 일이에요.

사용자1의 상품3에 대한 구매 만족도를 예측한다….
그러면 쇼핑몰에서 구매 만족도가 높았던 순서로 사용자1에게
상품을 추천하면 구매할 확률이 높아지겠네요?

　정답입니다. 이런 식으로 표의 빈칸에 구매 만족도를 예측해서 집어

넣은 뒤 이걸 기준으로 사용자별로 상품을 추천하는 거죠. 그러면 사용자별로 맞춤화된 추천이 가능하겠죠. 이게 과거부터 넷플릭스나 아마존이 써왔던 방법입니다.

그럼 빈칸은 어떻게 채우나요? 음… 나와 유사하게 구매 만족도를 평가한 사용자를 찾아서 채우나요?

네. 맞습니다. 사용자1과 다른 사용자의 유사도를 찾는 거죠. 유사도는 사용자의 취향이 비슷한 정도를 의미합니다. 이걸 찾아내기 위해 보통 피어슨 상관계수Pearson's Correlation Coefficient를 사용합니다.

피어슨이라고 하면…
이전에 아마존 MD에게 비슷한 상품을 추천할 때 사용한
피어슨 상관거리와 같은 건가요?

네. 같은 원리라고 보면 됩니다. 사람도 같은 사람이고요. 실제 공식은 좀 복잡한데요, 김 팀장이 이 공식을 알 필요는 없어요. 어쨌든 '피어슨 상관계수를 이용해서 사용자 간 유사도를 알아내는 것이다' 정도만 알면 됩니다.

그럼 사용자1의 상품3에 대한 구매 만족도 점수를 예측하려면,
사용자1과 나머지 모든 사용자의 유사도를 다 구해야겠네요?
사용자가 백만 명이면, 음… 99만 9999번 계산해야 한다는 말인가요?

맞습니다. 그리고 사용자2도 똑같이 계산해야겠죠. 물론 사용자2와
사용자1의 유사도는 앞에서 계산했으니 뒤로 갈수록 계산할 양은 조
금씩 줄어들겠지만요.

그럼 그렇게 계산해서 평균을 내는 건가요?

유사도라는 가중치가 들어간 평균을 내는 거죠. 그냥 평균을 내면 개
인화가 안 돼요. 유사도로 가중평균을 내야 사용자1의 구매 만족도를
정확히 예측할 수 있습니다.

점수를 후하게 주는 사람도 있고, 박하게 주는 사람도 있잖아요.
예를 들어 아무 생각 없이 5점을 주는 사람도 있고, 3점만 줘도 아주
후하게 준 걸로 생각하는 사람도 있잖아요.

그렇죠. 그런 편향은 데이터 분석가가 알아서 처리할 겁니다. 실제로
는 협업 필터링을 잘 모르는 데이터 분석가도 많아요. 이건 응용 분야
라서 안 해보면 모릅니다. 그래서 어느 정도 데이터 분석 경험이 있는
사람이어야 협업 필터링을 쓸 수 있죠. 그런 사람이라면 알아서 편향

을 보정할 겁니다.

온라인 쇼핑몰이란 게 실시간으로 구매 데이터가 바뀌잖아요.
그럼 하루에 한 번 계산해서 반영하나요?

앞에서 얘기했다시피 이게 계산량이 어마어마합니다. 제가 실제로 회원 백만 명에 상품이 만 개 정도 있는 쇼핑몰에서 협업 필터링을 계산했더니 한 번 계산하는 데 몇 시간이 걸렸어요.

제대로 하려면 IT 비용이 많이 들겠어요.
추천 시스템을 하루에 한 번 돌릴지 일주일에 한 번 돌릴지,
매출과 IT 비용 사이에서 적절한 판단이 필요하겠네요.

따지고 보면 모든 것이 다 그런 트레이드 오프 Trade-off 관계겠죠.

참, 메모리 기반 협업 필터링 가운데서 지금 사용자 기반 협업 필터링을 본 거잖아요? 그럼 아이템 기반 협업 필터링은 뭔가요?

아이템 기반 협업 필터링과 사용자 기반 협업 필터링의 차이는 하나입니다. 회원 간 유사도를 보는 대신 상품 간 유사도를 보는 거죠. 아이템 기반 협업 필터링에서는 피어슨 상관계수 외에 코사인 유사도 같은 방법을 쓰기도 합니다.

김 팀장은 코사인 유사도가 어떻게 만들어지는지는 몰라도 됩니다. 그런 건 컴퓨터가 다 계산하니까 김 팀장은 결과를 보고 어떻게 나왔는지 확인만 하면 되죠. 중요한 건 사용자 기반 협업 필터링 대신 아이템 기반 협업 필터링을 사용하는 이유를 아는 거예요.

아이템 기반 협업 필터링을 사용하는 이유를 알아야 한다고요?

앞에서 말했듯이 사용자가 많아지면 사용자 기반 협업 필터링을 쓰고 싶어도 못 써요. 계산하는 데 시간이 너무 많이 걸리고, 그 시간을 줄이려면 IT 비용이 많이 드니까요. 그래서 사용자가 많은 쇼핑몰은 추천 결과를 계산하는 시간과 비용을 줄이기 위해 아이템 기반 협업 필터링을 쓸 수밖에 없습니다. 협업 필터링을 고려하는 쇼핑몰이라면 대부분 고객 수보다 상품 수가 훨씬 적을 테니까요.

그럼 사용자는 많은데 구매를 몇 달이나 1~2년에 한 번 하는…
예를 들어 통신사 휴대폰 사이트 같은 데는요?

그런 곳은 모델 기반 협업 필터링을 하는 게 더 나아요. 모델 기반의 협업 필터링은 우리가 앞에서 배운 차원 축소나 그룹화를 사용하죠.

그렇군요. 쇼핑몰 특성에 따라 방법론을 정해야 하는군요.

콘텐츠 기반 정보 필터링은 뭔가요?

콘텐츠 기반 추천 시스템은 과거에 주로 사용했어요. 키워드 방식이라고 볼 수 있는데요. 영화로 치면 장르, 주연 배우, 제작 연도, 감독 등의 키워드로 콘텐츠를 추출해서 이걸 기반으로 추천하는 겁니다. 과거 넷플릭스나 아마존같이 추천 시스템으로 성공한 기업은 대부분 협업 필터링을 기본으로 하고, 콘텐츠 기반 추천 시스템을 가미해서 알고리즘을 만들었다고 보면 됩니다. 물론 최근에는 새로운 알고리즘도 적용하지만요.

요즘엔 비 올 때나 한밤중에 듣기 좋은 음악을 추천해주기도 하는데요, 이런 건 어떻게 하는 거예요?

앞에서 얘기한 전통적인 추천 시스템 이외에 상황인지형 추천 시스템 Context-aware Recommender System; CARS이나 신뢰인지형 추천 시스템 Trust-aware Recommender System; TARS 같은 것도 있어요.

상황인지형 추천 시스템은 기존 협업 필터링에 상황을 덧붙이는 겁니다. 예를 들어 사용자가 음악을 들을 때 비가 오는지 눈이 오는지 맑은 날인지 데이터베이스에 기록해놓는 거죠. 물론 날씨 데이터는 다른 곳에서 가져와서 합쳐야겠죠.

신뢰인지형 추천 시스템은 신뢰할 수 있는 친구가 산 제품을 분석해서 추천하는 겁니다. 예를 들어 페이스북 친구나 인스타그램 팔로어가 샀거나 본 상품을 추천하는 거죠. 이게 현실에서는 효과가 아주 좋습니다. 페이스북은 실제로 이런 소셜 네트워크의 신뢰도를 이용해서 상품을 추천하죠. 이런 데이터는 그 소셜미디어를 서비스하는 회사만 가지고 있어요. 그래서 사용자가 많은 소셜미디어 기업의 가치가 높아질 수밖에 없죠.

사장님이 들으시면 아주 좋아하시겠는데요.
그럼 우리 회사도 소셜 네트워크 서비스를 쇼핑몰에 붙여야 하나요?

사장님들이야 늘 새로운 걸 해서 성과를 내면 좋겠지만 김 팀장 입장에서는 기본을 먼저 해야죠. 협업 필터링만 제대로 해도 눈에 보이는 성과가 나와요. 국내에도 네이버 말고는 추천 알고리즘을 제대로 만들고 활용하는 곳이 별로 없어요. 중견 쇼핑몰도 아직 기본적인 추천 시스템만 겨우 갖춘 수준이에요.

일단은 기본에 집중해야겠네요. 참, 제가 추천 시스템을 고도화하면 그 성과는 어떻게 측정할 수 있나요? 지난번에는 카테고리 개편과 추천 화면 개선을 적용하기 전 매출과 후의 매출을 비교했거든요. 그런데 이게 시기에 따라 매출이 달리 나올 수 있으니 정확한 방법이 아닌 것 같아서요.

일반적으로 A/B 테스트를 하면 무난합니다. 쇼핑몰을 찾아오는 사용자를 무작위로 반으로 나눠요. 그중 절반에게는 기존 추천 시스템을 그대로 보여주고, 나머지 절반에게는 고도화한 추천 시스템을 보여줍니다. 그러고 나서 기존 추천 시스템을 보여준 대조군과 고도화한 추천 시스템을 보여준 실험군 간의 매출액 차이를 보면 추천 시스템 개선 성과를 판단할 수 있죠.

기존 추천 시스템에 아이템 기반 협업 필터링을 가미해보고,
A/B 테스트로 성과를 측정해보라는 말씀이군요.
혹시 제가 주의할 내용이 있을까요?

추천 시스템을 고도화하기 전에 2가지 현실적인 문제를 이해해야 합니다.

첫째는 초기 사용자 문제^{Cold Start Problem}입니다. 추천 시스템이 개인화를 목적으로 하잖아요. 그런데 개인화를 못 하는 경우가 꽤 많습니다. 예를 들어 클릭이나 구매 이력이 없는 사람이 있어요. 즉 쇼핑몰을 처음 방문한 사람이나 지금 막 가입한 사람에게는 개인화된 추천을 제공할 수가 없죠. 그래서 전체 회원의 평균값을 보여주는 경우도 있는데요. 그럴 땐 베스트셀러를 노출하는 것이 낫습니다. 또 이런 경우도 있어요. 회원이지만 로그인을 하지 않은 사용자요. 회원이지만 몇 년만에 접속한 회원도 있어요. 이럴 때 뭘 추천해야 할지 고민이죠. 이때도 베스트셀러를 보여주는 것이 무난합니다.

둘째는 조작 공격 Shilling Attack 입니다. 요즘엔 이게 심각한 문제예요. 리뷰나 평점 같은 것을 조작한다는 얘기를 많이 들어봤을 겁니다. 입점 업체가 자기 상품의 평점을 조작해서 올리고 경쟁사 상품의 평점은 깎는 거죠. 보통 오픈마켓이나 영화 사이트, 배달 앱 같은 곳에서 이런 일이 많이 일어나요. 그래서 요즘 추천 시스템은 이런 조작 문제를 해결하는 쪽으로 연구가 많이 진행되고 있어요.

초기 사용자 문제와 조작 공격, 이것도 잘 기억해서 문제가 없게 해야겠네요. 오늘도 고맙습니다.

- 기본적으로 가장 많이 사용되는 추천 시스템으로는 협업 필터링과 콘텐츠 기반 추천 시스템이 있다. 추천 시스템에 최신 알고리즘을 적용하는 것보다 기본적인 알고리즘을 회사의 상황에 맞게 적용하는 것이 더 중요하다.

- 새로운 추천 시스템의 효과를 판단하려면 A/B 테스트를 진행하면 된다.

- 추천 시스템을 사용할 때는 초기 사용자 문제와 조작 공격을 주의해야 한다.

김 팀장은 일주일 뒤 아이템 기반 협업 필터링을 사용해서 기존 베스트셀러 뒤에 붙였다. 이제 온라인 쇼핑몰 회원이 상품을 클릭하면 개인화한 추천 상품과 베스트셀러를 함께 볼 수 있게 되었다.

김 팀장은 A/B 테스트도 진행했다. 기존 추천 시스템과 코사인 유사도를 사용해 계산한 협업 필터링 추천 시스템을 비교했다. 그 결과 신규 추천 시스템의 매출액이 기존 추천 시스템보다 5% 높았다. 온라인 쇼핑몰의 연간 매출액이 1000억 원 정도라서 5%만 해도 50억이 된다. 간단한 알고리즘 적용만으로 매출이 50억이 늘다니…. 그 금액은 보통 오프라인 매장의 6개월 매출액이다.

　김 팀장은 이 내용을 정리해 사장에게 보고했다. 사장은 매우 흡족해하며 이 결과를 그룹 혁신 사례로 발표하라고 지시했다. 그룹 혁신 사례 발표회는 회장님이 주관하는 행사라서 여기서 발표하는 사람들은 몇 달 안에 승진했다. 김 팀장은 며칠 야근을 해서 피곤했지만 왠지 곧 승진할 것 같은 느낌이 들어 가슴이 뛰었다.

15

소셜 네트워크 분석

소통 데이터를 분석하여 임직원의 협업 문화를 혁신하다

김 팀장은 이번 주가 재택근무하는 주라서 집 서재에서 일하려고 노트북을 켰다.

사실 코로나19로 갑작스럽게 재택근무를 시작하자 김 팀장은 적응하기가 쉽지 않았다. 그간 팀원이나 상사, 고객과 대면하면서 얘기하다가 이제는 이메일이나 메신저, 화상회의를 사용해야 하니 어색하기도 하고 업무 처리가 더디기도 했다.

그런데 젊은 직원 사이에는 비대면으로 일하는 것이 더 효율적이고 공정하다는 인식이 퍼졌다. 김 팀장도 이제는 일하는 방식을 온라인과 디지털 기반으로 바꾸어야 한다는 생각이 들었다.

김 팀장은 업무 시작 시각인 9시가 되자마자 사내 업무 메신저에 접속했다. 그때 갑자기 전화가 왔다.

"안녕하세요. 김○○ 팀장이죠. 저는 그룹 인사실장 최○○입니다."

"네? 그… 그룹 인사실… 장님이요?"

김 팀장은 깜짝 놀랐다.

그룹 인사실은 그룹 임원, 즉 각 계열사의 상무보 이상 임원의 인사를 담당하는 부서다. 인사실장이 부사장급이니 아무나 쉽게 통화하는 사람은 아니었다. 게다가 김 팀장은 직급이 부장이어서 그룹 임원이 되려면 이사를 먼저 달아야 하고 계열사 대표이사의 추천이 있어야 임원이 될 수 있다. 사실상 그룹 인사실에서 김 팀장에게 전화할 일은 없는 것이다.

김 팀장은 잠깐 이런 생각도 해봤다. 혹시 특진? 가끔 부장이 상무로 바로 승진하는 일이 있긴 했다. 그룹 회장이 정말 성과가 뛰어난 부장급 직원을 바로 임원 자리에 앉히는 경우가 아예 없진 않았다. 물론 신문에 나올 일이긴 하지만 말이다. 김 팀장은 내심 이런 일이 나에게도 생기는 건가 싶어 안절부절못했다.

"김 팀장님, 깜짝 놀라셨죠? 사실 제 전화를 받으면 다들 임원 승진을 생각하는데요. 이거 미안해서 어쩌죠? 승진은 아니고요. 도움이 필요해서 전화했어요."

김 팀장은 잠시나마 승진을 꿈꾼 것에 만족했다.

인사실장은 말을 계속 이어나갔다.

"이번에 우리가 코로나19에 대응하기 위해 비상TF를 운영하고 있는 거 아시죠? 제가 비상TF에서 인재교육과 조직문화를 담당하고 있는데요. 우리 그룹 내에서 소통과 협업이 잘 안 되어 생기는 문제가 많아요. 재택근무나 자율출퇴근제를 확대하면서 실제로 얼굴 보고 대화할 기회가 없어요. 오히려 이메일이나 메신저, 화상회의를 많이들 사용하잖아요."

"네….

"그래서 내가 이런 생각을 좀 했어요. 임직원이 이메일로 주고받은 정보의 양, 메신저로 대화 나눈 텍스트 수, 화상회의 사용 시간과 같은 데이터를 요즘은 다 기록하잖아요. 그래서 이런 데이터를 분석하면 실제로 누가 누구와 일하고, 얼마나 협업을 잘하고, 누가 사일로Silo인지 알 수 있죠. 사일로 아시죠?"

"부서 간 장벽이나 이기주의 때문에 기술이나 정보를 공유하지 않고 서로 협업하지 않는 것 말씀이죠?"

김 팀장은 갑작스러운 질문에 당황하지 않고 침착하게 대답했다.

"네, 맞아요. 어느 부서가 독단적으로 일하고, 어느 라인이 비효율적으로 일하는지를 데이터 분석을 통해서 알 수 있겠다는 생각이 들었어요. 사실 코로나19 이전에는 이런 데이터가 없었잖아요.

다들 삼삼오오 만나서 얘기하는데 이걸 데이터로 만들 수 없겠죠. 그런데 요즘은 이메일, 메신저, 화상회의로만 일하니 여기서 나오는 데이터를 활용하면 우리의 협업 문화를 진단하고 혁신할 수 있을 것 같습니다."

"네. 예를 들어 어떤 부서의 이메일, 메신저, 화상회의 기록을 보니 다른 부서와 전혀 연결된 데이터가 없다면 사일로라고 볼 수 있겠네요."

"그렇죠. 그래서 이 업무를 김 팀장이 담당해줬으면 합니다. 내가 오늘 김 팀장을 비상TF로 일주일간 파견 발령을 낼 테니까 그룹 정보실에서 김 팀장이 원하는 데이터를 받아서 분석하고, 다음 주에 중간보고를 해주세요. 사장님과 담당 임원과도 이미 얘기했으니까 일단 오늘 오후 비상TF 화상회의부터 들어오세요. 업무 지원은 TF에 소속된 박 과장과 남 대리가 할 겁니다. 두 사람에게 실무를 지시하면 됩니다."

"네? 아, 네…."

김 팀장은 어안이 벙벙했다.

갑자기 그룹 비상TF에 파견이라니? 이러다 본래 하던 일 대신 다른 일을 해야 하는 게 아닌가 하는 두려움이 살짝 일었다. 원래 그룹 TF는 그룹 안에서도 인정받는 사람들만 가는 자리 아닌가? 잠깐 파견으로 가는 거지만 그룹이 일하는 방식도 경험할 수 있

고, 그룹 임원도 많이 만나니 결국 나중에 승진이나 그룹 임원이

되는 데도 도움이 될 것이다.

김 팀장은 황보 교수에게 화상회의를 하자고 문자를 보냈다.

황보 교수, 방금 그룹 인사실장님이 전화했어요.

그룹 비상TF에 나를 파견하겠다는 겁니다.

네? 그룹 비상TF라면 좋은 자리잖아요. 이제 그룹 임원으로 승진하

는 거예요?

아이고, 황보 교수도 참. 지금 김칫국 마실 때가 아닙니다.

그룹 인사실장이 저에게 그룹 내 모든 계열사, 모든 부서의 이메일,

메신저, 화상회의 기록을 분석해서 일을 어떻게 하고 있는지 진단하고

혁신 방안을 내놓으랍니다. 일주일 안에요. 이게 가능합니까?

쉬운 일은 아니지만 그렇다고 어렵지도 않아요. 이런 건 소셜 네트워

크 분석 Social Network Analysis;SNA 으로 해결할 수 있어요.

소셜 네트워크 분석이요? 그건 페이스북이나 트위터,

블로그나 인스타그램 같은 SNS를 분석하는 거 아닌가요?

그게 이거랑 무슨 상관이 있어요?

방금 말씀하신 SNS 분석은 데이터 분석에서 소셜미디어 분석이라고
해요. 소셜미디어 분석은 제가 얘기한 소셜 네트워크 분석의 한 종류
라고 할 수 있죠.

소셜 네트워크 분석은 개인과 집단 간 관계를 노드와 링크로 표현해
서 분석하는 방법입니다. 여기서 링크는 개인 또는 집단 사이의 소통
의 정도나 방향을 의미합니다. 그래서 보통 사회학, 심리학, 정치학
등에서 많이 사용하죠.

한마디로 말하면 누가 누구랑 협업하느냐 하는 거네요?

그렇죠. 예를 들어 이메일을 분석하면 누가 누구에게 이메일을 많이
보내고, 누가 응답을 하는지 안 하는지, 그 메일이 다시 누구에게 전
달되는지를 볼 수 있겠죠. 이걸 가지고 조직 내에서 누가 누구와 협업
하는지 알 수 있어요.

왠지 기존 통계적 접근과는 좀 다를 것 같네요.

맞습니다. 이걸 네트워크 접근이라고 하는데요. 학습에서는 기본적으

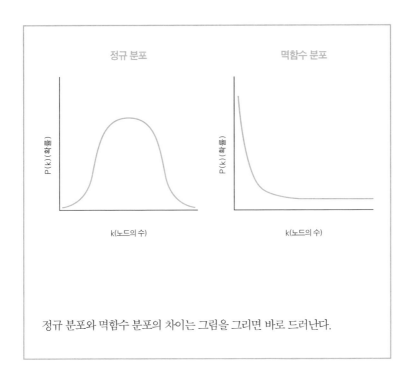

정규 분포와 멱함수 분포의 차이는 그림을 그리면 바로 드러난다.

로 데이터의 분포가 정규 분포를 가진다고 가정하고 분석한다고 했잖아요. 그런데 네트워크 분석에서는 정규 분포를 가정하지 않아요. 개체 간 관계의 분포는 일반적으로 멱함수 분포를 따릅니다.

멱함수 분포요? 멱이란 한자로 덮을 멱(冪)인가요?
거듭제곱을 의미하는?

네, 맞아요. 멱함수 분포는 노드의 수가 많아질수록 특정 노드에 링크가 집중된다는 것을 보여주는 분포입니다. 예를 들어 전 세계에 수많은 공항이 있지만, 비행 노선이 가장 많이 운항하는 공항은 두바이, 런던, 홍콩, 암스테르담, 인천 같은 곳이죠. 이런 몇 곳에 수많은 비행 노선이 집중되는 것과 비슷합니다.

그럼 통계 학습에 기반한 분석과 소셜 네트워크 분석은 여러 측면에서 비교가 되겠군요?

네. 다음 표를 한번 보시죠. 통계적 접근의 기본 시각은 환원주의입니다. 원자를 뜯어보는 거죠. 하지만 네트워크 접근은 전체 구조를 보는 겁니다. 분석 관점부터 달라요.

분석 대상이 되는 데이터도 통계적 접근에서는 개체의 속성 데이터, 즉 변수 데이터를 보지만, 네트워크 접근에서는 개체 간 관계 데이터를 봐요. 예를 들어 통계 분석에서는 누가 이메일을 얼마나 썼느냐가 중요하지만, 네트워크 분석에서는 이메일을 누가 누구에게 썼는지가 중요합니다. 그리고 그 이메일이 또 누구에게 전달되었는지를 봅니다.

데이터 수집 방법도 달라서 통계적 접근에서는 일반적으로 표본을 추출해서 분석하죠. 하지만 네트워크 분석에서는 모집단 전체 데이터를 분석합니다. 분석 방법이나 목적도 달라요. 통계적 접근이 어떤 경향을 본다면, 네트워크 접근은 구체적인 지점을 확인하는 것에 집중합니다.

구분	통계 접근	네트워크 접근
기본 시각	환원주의(원자론)	전체주의(구조론)
분석 대상 데이터	개체의 속성 데이터	개체 간 관계 데이터
데이터 수집 방법	(샘플링) 표본집단	(기본적으로) 모집단
핵심 분석 방법	속성 간 상관관계 (속성의 유사성)	구조적 위치 (관계 패턴의 유사성)
분석 목적	경향성 파악	구체적 지점 확인
적용 사례	감염자 수, 병 증상	감염 경로, 전파력

여기 표를 보면 적용 사례에 감염 경로나 전파력이 있네요.
이거 요즘 뉴스에서 많이 봤던 코로나19 역학 조사 아닌가요?

맞습니다. 역학 조사에 소셜 네트워크 분석을 많이 활용합니다.

저는 소셜 네트워크 분석이 단순히 SNS를 분석하는 것인 줄로만
알았는데, 실제로는 사용 범위가 꽤 넓네요.

네. 소셜 네트워크 분석은 적용 범위가 매우 다양해요. 소셜미디어 분
석 이외에도 금융사기 탐지, 지식 탐색, 고객 관계 관리, 조직 진단 등
여러 분야에 사용되고 있습니다.

그럼 소셜 네트워크 분석을 전문으로 하는 소프트웨어가 따로 있나요?

네, 소셜 네트워크 분석을 위한 전문 소프트웨어로는 유씨넷UCINET과 파이엑Pajek이 많이 사용됩니다. 국내 기업인 싸이람Cyram에서 개발한 넷마이너NetMiner라는 제품도 세계적으로 인정받고 있고요.

소프트웨어 가격은 얼마나 하나요?

개인용은 몇십만 원, 기업용은 몇백만 원입니다. 다른 데이터 분석 툴에 비하면 비싼 편은 아니에요. 이 소프트웨어에 이메일, 메신저, 화상회의의 메타 데이터를 입력하면 자동으로 네트워크 관계를 그림으로 그려줍니다.

메타 데이터? 어떤 데이터를 넣어야 하는 거죠?

네트워크를 보는 것이니까 이메일 내용이나 메신저 대화 내용, 화상회의 대화 내용 같은 것은 필요 없어요. 물론 그런 것도 분석할 수 있지만, 그렇게까지 하려면 개인정보 이슈도 고려해야 하고, 내부 임직원의 반발도 생각해야 하죠. 그래서 보통 메타 데이터를 사용하는데요. 예를 들어 이메일이라면 발신자, 수신자, 참조자, 발신 시각, 메일 텍스트 크기, 첨부 문서 유무, 첨부 문서 크기 같은 것이죠. 메신저라면 대화 상대방, 대화 횟수, 대화량 같은 것이 있겠고요. 화상회의라면 주최자, 대화 상대방, 대화 시간 등이 있겠네요.

이런 데이터를 모아서 소프트웨어에 집어넣으면 어떤 그림이 나오나요?

제가 그림을 보여줄게요. 대강 이런 그림이 나옵니다. 실제로는 더 복잡하지만 여기서는 좀 단순화했습니다.

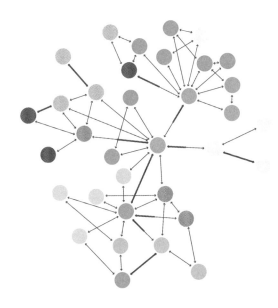

그림에서 점은 부서나 부서원을 의미합니다. 조직 단위로 분석하면 부서가 되겠고요. 개인 단위로 분석하면 부서원이 되겠죠. 점 색깔이나 모양이 다르면 다른 부서나 부서원이겠고요. 점 사이에 있는 화살

표는 다른 부서나 부서원과 얼마나 협업하는지, 그리고 정보가 어느 방향으로 주로 흘러가는지를 보여줍니다.

언뜻 봐도 몇 가지 패턴이 나타나네요.
업무의 중심에 있는 부서도 있고, 전달만 하는 부서도 있고요.
혼자 일하는 부서도 있고, 정보가 비효율적으로 도는 경우도 있네요.

그런 걸 찾아내는 게 소셜 네트워크 분석입니다. 그래서 데이터 분석가는 이런 그림을 만들고 나면 사실 더는 할 일이 없어요. 현업의 인사관리 담당자가 이 그림을 보면서 조직을 진단하고 문제를 찾아내 방안을 도출해야 하는 거죠.
예를 들어 다음 그림을 보죠. 이 그림을 김 팀장 회사라고 생각하면 어떤 문제점이 나올까요?

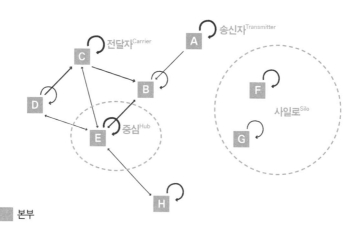

본부

음… 우선 E본부가 업무의 중심이네요.
허브 역할을 하고 있다고 볼 수 있겠어요. 만약 E본부가 일을 제대로
못 하면 회사 전체의 업무 효율이 떨어지겠네요.

　그렇죠. 이런 식으로 분석하는 겁니다. F본부와 G본부는 어떤가요?

이 두 본부는 다른 본부와 전혀 어울리지 않네요.
사일로라고 볼 수 있겠어요.

　물론 사일로라고 볼 수 있죠. 그런데 특공대일 수도 있어요. 다른 본
　부와 상관없이 특별한 임무, 예를 들어 신규 사업을 개척하는 팀이라
　거나 사내 벤처 같은 것일 수도 있죠.

다른 본부와 협업이 없다고 해서 반드시 사일로라고 단정할 수는 없군요.
어떤 목적에 의해 그렇게 일하는 것일 수도 있으니까요.
그런데 여기 각 점을 클릭하면 세부 정보도 보여주나요?

　네, 점을 클릭하면서 상세 분석을 할 수 있어요. 그러면 세부적인 내
　용을 더 자세하게 확인할 수 있어요. 예를 들어 어떤 부서를 클릭하면
　그 부서 내 협업을 볼 수 있겠죠. 다음 그림처럼요.

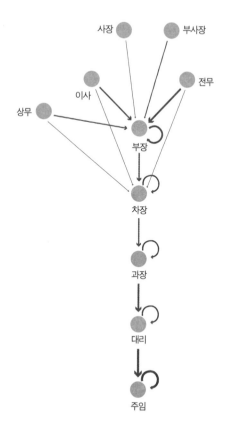

이건 완전히 전통적인 협업이네요.

부장이 완전히 실권을 장악하고 조직을 흔들 수 있겠는데요?

부장이 '키맨'이죠. 사실 이렇게 권한이 집중되었을 때 해당 부장이
일을 잘하면 문제가 없지만, 그렇지 않다면 조직 내에서 여러 문제가
발생합니다. 또 아래에 있는 주임이나 대리가 좋은 아이디어나 의견

을 내도 과장이나 차장에게 가로막힐 수 있겠죠. 의사 전달을 할 수 있는 다른 채널이 없으니까요.

사실 군대 같은 조직이라면 이렇게 수직적인 체계 하에서 일하는 게 나쁘지는 않을 것 같은데요. 그렇지 않은 조직에서도 이렇게 일하면 문제가 되겠네요. 또 다른 케이스는 어떤 게 있나요?

이런 것도 있어요. 다음 그림을 보면 점 세 곳에 업무가 몰립니다. 이 점에 위치한 사람이 소통을 잘하는 사람이라고 볼 수도 있지만, 업무가 한 곳으로 과도하게 집중되어 병목 현상이 발생할 수도 있겠죠. 이 사람이 휴가를 가거나 퇴사하면 조직 전체의 커뮤니케이션에 문제가 생길 가능성이 높습니다.

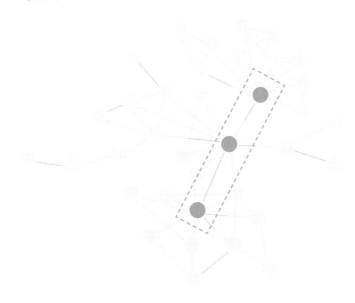

또 이런 것도 있어요. 일이 빙글빙글 도는 거죠. 처음부터 잘못 지시한 경우도 있겠고요. 일을 지시받은 사람이 다른 사람에게 일을 넘기는 경우도 있을 겁니다.

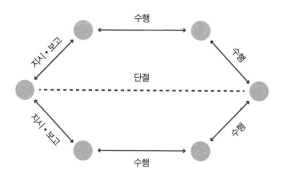

그 부서에 업무 지시와 보고 체계가 미흡하다는 뜻이겠네요.

중간에 선을 그어주면 좋겠네요.

그런 식으로 해결 방법을 찾을 수도 있죠. 다음 케이스도 보죠. 이 그림은 결재 라인이면 큰 문제가 없어요. 그런데 만약 수평적인 관계에서 이런 식으로 일한다면 매우 비효율적이죠. 이때는 관계를 삼각형 모양으로 바꿔주는 것이 좋아요.

직급별로 나누어 분석해보면 같은 직급이라도 일이 몰리는 사람과 그렇지 않은 사람을 즉각 찾아낼 수 있어요. 다음 그림이 그 예인데요. 여기서 문제점을 찾아보시죠.

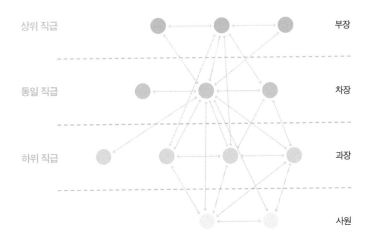

왼쪽 과장은 혼자 일하네요. 차장급에서도 왼쪽에 있는 차장이 혼자 일하고요. 원래 혼자 일하는 업무를 맡은 게 아니라면 팀에서 왕따라고 볼 수도 있겠는데요? 또 실권은 부장이 아니라 차장 한 명이 갖고 있네요. 만약 이 차장이 팀장이 아니라면 전체적으로 업무 체계를 조절할 필요가 있겠어요.

네, 이렇게 분석하는 게 소셜 네트워크 분석입니다.

이렇게 하면 정말 데이터 기반으로 조직 문화를 혁신하고, 협업 체계를 개선할 수 있겠어요. 일단 데이터로 분석한 다음에 각 부서장을 인터뷰해볼게요. 그러면 확실하게 문제점을 찾아내고 구체적인 혁신 방안을 도출할 수 있을 것 같아요. 고맙습니다.

세 줄 정리

- 소셜 네트워크 분석은 네트워크 접근에 기반하며, 통계적 접근에 기반한 통계 분석과 여러 측면에서 상이하다.

- 소셜 네트워크 분석은 소셜미디어 분석 이외에도 금융 사기 탐지, 지식 탐색, 고객 관계 관리, 조직 진단 등 다양한 분야에 사용된다.

- 소셜 네트워크 분석 결과는 데이터 분석가와 현업 전문가가 함께 해석하고, 문제점을 찾아 해결 방안을 도출해야 한다.

일주일 뒤, 김 팀장은 인사실장에게 중간보고를 했다. 인사실장은 이 것이야말로 자기가 기대했던 방식이라며 흡족해했다. 김 팀장은 말을 이었다.

"부사장님, 여기까지는 제가 데이터 분석으로 그림을 그려서 여러 케이스를 찾았지만, 이제부터는 제가 해석하고 문제를 찾을 수 있는 게 아닙니다. 분석 결과를 각 부서장에게 보내서 부서장 스스로 해석하고 문제를 찾아 해결 방법을 도출하도록 해야 합니다."

인사실장은 고개를 끄덕이며 대답했다.

"맞아요. 우리가 할 일은 여기까지죠. 하지만 부서장들이 분석 기법을 이해하고 활용할 수 있도록 친절하게 설명해주면 좋겠어요. 또 서로 충돌이 나는 부서의 경우 해당 부서장들이 함께 모여서 협의할 수 있도록 해야겠고요. 일단 이런 건 TF 실무에서 진행하면 되니까, 김 팀장은 부서장 전체 워크숍에서 이 분석 결과를 설명해주세요. 물론 이때 회장님도 들어오실 테니 발표 준비 잘해주세요. 고마워요."

회장님도 들어온다고 하니 김 팀장은 또 겁이 났다. 그러고 보면 요즘 C레벨치고 데이터 분석에 관심이 없는 사람은 없는 듯했다. 데이터 분석이나 디지털 혁신이 모두 톱다운으로 내려온다는 게 괜한 소문은 아니었다.

아무튼 김 팀장은 점점 데이터로 비즈니스를 혁신하는 모습을 보니 어깨에 힘이 들어갔다. 그룹 사옥을 나오니 날이 무척 밝았다.

16

고객 동선을 분석하여
매장 레이아웃을 혁신하라

    김 팀장은 그룹 비상TF에서 데이터 분석에 기반한 협업 문화 혁신 방안을 발표하고 나서 회의실을 바로 나왔다. 매장에 들러 처리해야 할 업무가 있었다. 종종걸음으로 복도를 지나 엘리베이터를 기다리고 있는데 뒤에서 누가 김 팀장을 불렀다. 비상 TF에서 잠깐 인사했던 패션 계열사 전략기획실장 허 상무였다.

    "아, 안녕하세요. 상무님."

    "김 팀장님, 좀 전에 우리 인사했죠. 패션 부문 전략기획실을 맡고 있는 허 상무입니다. 김 팀장이 데이터 분석 결과 발표하는 걸 보고, 도움 좀 얻고 싶어서요. 혹시 지금 급하게 가셔야 하나요?"

"아, 네, 제가 좀 급한 일이 있긴 한데요. 잠깐 5분 정도는 괜찮습니다."

"그러면 같이 주차장 가는 길에 얘기하죠."

마침 엘리베이터가 왔고 두 사람은 함께 엘리베이터를 탔다.

"김 팀장, 얼마 전 비서실에서 회장님이 방문하실 대표 매장 5 곳을 선정하는 일에 도움을 줬다고 들었어요. 그 뒤에 전자 매장뿐 아니라 우리 패션 매장도 5곳을 선정해서 방문하신다고 해서 동일한 방식으로 선정해 얼마 전에 보고했죠. 그런데 그저께 회장님이 그중 두 곳을 아무 예고 없이 방문하셨어요. 거기서 회장님께서 하신 말씀이, 우리 패션 매장들이 레이아웃이나 디스플레이를 너무 주먹구구식으로 만들고 있다는 겁니다. 데이터 기반으로 무언가 근거를 갖고 개선해보라고 지시하셨어요."

"지금까지는 어떻게 하고 계셨나요?"

"현재는 데이터 기반이라기보다는 몇몇 사람이 경험과 노하우를 바탕으로 협의해서 결정해요. VMD라고 해서 비주얼 머천다이징을 담당하는 디자이너, 브랜드 매니저, 점장, 영업대표 등이 모여서 레이아웃과 디스플레이를 결정합니다. 그런데 회장님께서 어디서 들으셨는지 매장 내에 센서를 설치해서 고객 동선을 분석하고, 그걸 근거로 매장을 개선하라는 거예요. 사실 매장 레이아웃이나 디스플레이를 바꾸는 게 그리 쉬운 일은 아닙니다. 홈페이지에서 이미지 바꾸듯이 휙휙 바꿀 수 있는 게 아니거든요. 레이아웃만 해도 한 번 바꾸려면 돈이 수천만 원 들어요."

"확실한 근거 없이는 바꾸기 어렵겠네요."

그때 엘리베이터 문이 열리고 둘은 로비로 걸어 나갔다.

"그런데, 달리 생각하면요. 데이터로 결정할 수 있다면 매장의 레이아웃이나 디스플레이를 완전히 혁신할 수도 있다고 봅니다. 저는 오히려 이걸 기회라고 생각해요. 그런데 이걸 우리 팀장들에게 지시하면 꾸물거리기만 하고 아무것도 안 해요. 솔직히 김 팀장에게 할 말은 아니지만… 현업이 진짜 말을 안 듣습니다. VMD 디자이너에게 얘기하면 점장이 반대한대요. 매장 바꾸는 동안 영업을 못 하니 매출 목표 달성이 안 된다는 이유로요. 브랜드 매니저는 브랜드 아이덴티티에 어긋난다고 하고, 점장은 근거 가져오라 하고… 난리예요. 난리."

"네…."

"아무튼 그래서 김 팀장이 파일럿 프로젝트를 맡아주면 어떨까 합니다. 매장 중 한두 곳을 선정해서 센서, 정확히 어떤 센서를 달아야 하는지는 모르겠어요. 아무튼 김 팀장이 매장 데이터를 분석해서 레이아웃을 바꾸고, 매출이 더 나오면 그걸 근거로 다른 매장도 혁신할 수 있을 거란 말입니다. 이거 좀 도와주세요. 내가 그룹 인사실에 얘기할게요. 그리고 우리 그룹에서 이번에 새로 시작하는 협업 포인트제 있잖아요. 협업해서 도움받으면 포인트를 주고, 이를 승진 점수에 반영하는 거 말이에요. 내가 포인트 왕창 몰아줄 테니 도와주세요."

그러고 보니 최근 그룹에서 협업 포인트제를 실시한다고 발표했다. 포인트를 일정 점수 이상 모으거나 가장 많이 모은 몇 팀에는 KPI 점수를 10% 더 올려주고, 부서장은 특별 승진을 시켜준다고도 했다. 게다가 다른 계열사와 협업하면 포인트를 1.5배로 주고, 매출 상승이나 비용 절감이 인정되면 그 금액의 일부를 인센티브 형식으로 돌려준다고도 했다. 게다가 패션 부문이면 우리 그룹에서 제법 잘나가는 계열사다. 브랜드도 수십 개고 전국에 매장만 몇천 개였다. 김 팀장은 내심 욕심이 생겼다.

"상무님. 그럼 제가 한번 해보겠습니다. 담당자 한 명만 붙여주시면 어떻게 할지 말씀드리겠습니다."

김 팀장은 주차장까지 따라온 허 상무와 헤어지고 방배지점을 향해 차를 몰았다. 일을 마친 김 팀장은 마침 방배지점 옆에 중형 쇼핑몰이 있어서 거기에 주차를 했다. 다른 그룹 계열사의 패션 매장이 많이 보였다. 김 팀장은 바로 맞은편 카페에 앉아 황보 교수에게 전화했다. 그곳은 마침 황보 교수 집 근처여서 바로 커피숍에서 만날 수 있었다.

황보 교수, 전에 패션 쪽 빅데이터 분석했다고 하지 않았어요?

　　네. 제가 패션 쪽 데이터를 많이 분석했죠. 고객 동선 분석도 하고, 판매량 예측도 하고, 프로모션 설계도 했지요.

네? 동선 분석이요? 그럼 매장 레이아웃도 바꾼 건가요?

　　네, 그러고 보니 그 매장이 여기 있네요. 저 앞에 매장 보이시죠. 여기 매장은 그룹 차원에서 파일럿 프로젝트로 야심차게 진행했던 플래그십 스토어예요. 매장에 센서를 달고 데이터를 분석해서 매장 레이아웃을 개선했지요. 그때 제법 성과가 좋아서 언론도 성공 사례로 주목했던 프로젝트였어요.

이럴 수가. 내가 지금 황보 교수에게 물어보려는 게 바로 그거예요. 오늘 오전에 우리 그룹 패션 부문 전략기획실장님을 만났어요. 그분이 상무거든요. 그분이 지금 발등에 불이 떨어졌어요. 회장님이 매장을 방문했다가 레이아웃이 마음에 안 들었나 봐요. 매장에 센서를 달아서 데이터 기반으로 레이아웃과 디스플레이를 바꾸라고 지시하셨대요.

　　요즘 데이터 분석은 대부분 그렇게 톱다운으로 내려와요. 밑에서는 사실 좀 힘들긴 하죠. 그래도 그게 메가 트렌드인 걸 어쩌겠습니까. 일단 당시 진행했던 사례를 얘기해드릴게요.

그때도 고객사에서 똑같은 얘기를 했어요. 회장님이 매장에 방문하시더니 주먹구구식으로 하지 말고 근거를 갖고 하라고 하셨다고요. 그래서 의뢰가 왔죠. 그때 저희가 샘플 매장 3곳을 선정해서 고객 동선을 분석하는 센서를 달았죠.

고객 동선은 어떻게 측정했나요?

당시에는 고객이 들고 다니는 스마트폰의 와이파이 신호를 측정했어요. 고객이 스마트폰에서 와이파이를 켜놓으면, 스마트폰이 와이파이를 찾기 위해 신호를 내보내거든요. 그걸 센서가 인식하는 거죠.

모든 스마트폰마다 고유 주소가 있어요. 그걸 맥 어드레스Mac Address라고 합니다. 이 정보를 수집해서 데이터를 분석할 때 개인정보를 비식별화해서 처리하면 개인정보보호법에 저촉되지 않는다고 당시 그룹 법무팀의 유권해석까지 받았죠.

그럼, 센서를 어디 놓아요? 1개 놓나요?

아뇨, 구역별로 센서를 설치합니다. 당시에는 작은 매장 하나에 센서를 6개 붙였어요. 그때 그 매장은 여성 캐주얼 구역, 여성 정장 구역, 남성 캐주얼 구역, 남성 정장 구역으로 나뉘어 있었죠. 그래서 각 구역 천장에 하나씩 그리고 카운터가 있는 중앙과 매장 입구에 하나씩 해서 총 6개를 설치했죠.

이런 센서 측정 기술이 요즘 많이 발전해서, 이제는 안드로이드폰의 경우 스마트폰의 와이파이가 꺼져 있어도 위치를 측정할 수 있어요. 센서 가격도 그리 비싸지 않고요.

센서는 그렇다 치고, 분석은 어떻게 해요?

여러 관점에서 분석하죠. 고객에 대해서는 보통 각 구역 간 동선과 체류 시간을 봐요. 이걸 매장의 구역별 매출이나 기여도와 연결해서 보기도 하고요.

당시 프로젝트에서는 매장 구조를 먼저 살펴봤어요. 우측에 여성 의류가 있고, 좌측에 남성 의류가 위치해 있었어요. 입구는 여성 의류 쪽에 하나만 있었고요. 그 후 고객의 체류 시간 점유율과 체류 시간을 살펴봤더니 여성 쪽 구역의 체류 시간 점유율은 높고 체류 시간이 긴 반면, 남성 캐주얼 구역은 체류 시간 점유율이 낮고 체류 시간도 짧았죠.

그런데 여성 캐주얼 구역은 고객 체류 시간이 길지만 매출 비중이 작았어요. 그 말은 상품의 매력도가 낮다는 사실을 의미합니다. 여성 상품은 보통 체류 시간이 10분은 넘어야 고객이 상품을 살 가능성이 있습니다. 그런데 평균 체류 시간이 3.2분이니 그냥 지나가는 통로처럼 사용되었던 거죠. 일단 여성 캐주얼은 상품의 문제라니까 딱히 우리가 해결할 수는 없었어요.

여기서 잠깐 제가 퀴즈를 내볼까요? 패션에서 이익이 많이 남는 상품은 어떤 것일까요?

글쎄요… 아무래도 여성복보다는 남성복이 남는 장사 아닐까요?

맞습니다. 가장 이익이 많이 남는 것은 남성 캐주얼이었어요. 물론 모든 패션 업체가 다 그런 건 아니니 오해는 말고요. 그래서 남성 캐주얼 쪽에 입구를 하나 더 만들면 좋겠다는 의견이 나왔죠. 아, 이건 분석팀에서 낸 의견이 아니고 VMD 담당자, 점장, 영업대표, 매장 인테리어 설계자, 브랜드 매니저가 함께 회의해서 뽑아낸 결론입니다.
그런데 새로 공사해서 입구를 내는 건 돈도 들고 쉬운 일이 아니잖아요. 마침 남성 캐주얼 쪽에 마네킹을 연달아 세워놓은 디스플레이가 있었죠.

사람이 지나가지는 못하는, 오픈 쇼윈도 같은 것 말씀이시죠?

그렇죠. 그래서 그걸 치우기로 한 겁니다. 그랬더니 남성 캐주얼 구역의 체류 시간 점유율이 3%p 높아졌습니다. 남성 캐주얼 판매도 당연히 늘었죠. 26% 정도 매출이 증가했어요.

와, 대단한데요? 그럼 다른 구역, 예를 들어 여성복 매출은 줄었나요?

아뇨. 그렇지 않아요. 전체적으로 매출이 늘었어요. 방문객이 전체적으로 늘어났거든요. 평소 일 방문객이 110명 정도였다가 남성 캐주얼 쪽으로 입구를 하나 더 내니까 방문객이 150명 정도로 늘었어요.

30~40% 늘어난 거죠.

전체 체류 시간도 당연히 늘었습니다. 그런데 평균 체류 시간은 조금 줄
었어요. 남자들은 옷 살 때 시간이 오래 안 걸리잖아요. 옷을 자세히 안
보고, 그냥 마네킹에 디스플레이된 옷을 달라고 할 때도 있죠. 그때는
정말 1분도 안 걸리고 사요. 그러니 남성 캐주얼이 많이 팔릴수록 전
체 체류 시간 평균은 줄어들겠죠?

저도 가끔 그렇게 해서 삽니다, 하하하.

그런데 소 뒷걸음질 치다 쥐 잡는 격이란 말도 있잖아요. 우연히 그때
전반적으로 매출이 늘어나는 추세였다고 볼 수도 있지 않나요?

그럴 수도 있어요. 그래서 같은 기간 다른 매장의 매출과도 비교해봤
죠. 그때 다른 매장 매출은 이전과 비교해서 줄었고, 이 매장 매출은
많이 올랐어요. 매출 성장률로만 보면 거의 1등이었죠.

확실히 성과를 낸 거군요. 어려운 점은 없었나요?

아이고, 왜 없었겠어요. 엄청 어려웠죠. 일단 점장 반대가 심했어요. 중
간에 어떤 매장 점장은 끝까지 안 한다고 버텼어요. 당장 물건 팔아야
하는데 이런 거 할 시간 없다면서요. 또 어떤 곳은 규제 때문에 못 했어
요. 이 매장은 두 층을 썼는데, 한쪽 구석에 계단을 놓으면 좋겠다는 의
견이 나왔죠. 그런데 시설에 대한 행정규제 때문에 시도할 수 없었어

요. VMD 담당자도 엄청 반대했어요. 우리처럼 패션의 '패' 자도 모르는 사람들이 뭘 아냐면서 무시했죠.

공장에서도 그런 경우가 많아요. 설비 하나만 20년 넘게 다룬 분에게
설비 데이터를 까서 분석해보겠다고 하면 난리가 나요.
당신들이 뭘 아냐, 고장 나면 책임질 거냐, 하면서요.

어디나 비슷해요. 어떤 일이든 오래 하면 매너리즘에 빠지고, 혁신하기가 쉽지 않죠. 그래서 VMD가 직접 의사결정을 하게 하고, 결과를 위에 직접 보고하라고 했어요. 우린 공을 가로채지 않고 뒤에서 지원만 하겠다고 했죠. 나중에 자기들 성과를 가져가니까 좋아하더라고요.

기술적으로 어려운 점은 뭐였나요?
제 생각엔 아무래도 센싱이나 센싱 데이터 다루는 게 어려웠을 것
같은데요?

맞아요. 기술적으로 센서가 측정한 데이터를 정확히 가공해야 하는데 이게 쉽지 않아요. 예를 들어 센서 데이터가 다음 표와 같이 생겼는데요. 여기서 TS는 타임스탬프, 즉 특정 시간입니다. SQUARE_MAC_ID는 센서 아이디고, DEVICE_ID는 고객 스마트폰 고유 번호입니다. RSSI^Received Signal Strength Indicator는 수신신호의 강도를 말합니다. 수신신호의 강도가 클수록 센서와 디바이스의 거리가 가깝다는 거죠.

TS	SQUARE_MAC_ID	DEVICE_ID	RSSI
2015-08-26 23:02:06.772	f4fd2b1052ce	ffac2219d7289486a20db4cc6c8b2e31	-75
2015-08-26 23:02:09.247	f4fd2b1052ce	ffac2219d7289486a20db4cc6c8b2e31	-72
2015-08-26 23:02:09.635	f4fd2b1052aa	8bdc459bfb09125231f9e073caf233e1	-63
2015-08-26 23:02:10.099	f4fd2b1052c6	8bdc459bfb09125231f9e073caf233e1	-59
2015-08-26 23:02:10.967	f4fd2b1052c2	d3c1f691cb9239b03a6512383da6c8da	-70

그런데 여기서 문제는 한 스마트폰이 여러 센서에 중복해서 측정될 수 있다는 거예요. 그래서 당시에는 여러 센서에서 측정된 신호 강도의 값으로 삼각 측량법을 써서 고객의 위치를 찾았죠. 다음 표가 시간에 따라 고객의 동선과 체류 시간을 분석한 예입니다.

DEVICE_ID	SQUARE_MAC_ID	DWELL_TIME	TIME_SEQUENCE
ffac2219d7289486a20db4cc6c8b2e31	f4fd2b1052ce	00:30	1
ffac2219d7289486a20db4cc6c8b2e31	f4fd2b1052aa	00:45	2
8bdc459bfb09125231f9e073caf233e1	f4fd2b1052ce	01:15	1
8bdc459bfb09125231f9e073caf233e1	f4fd2b1052c6	01:30	2
8bdc459bfb09125231f9e073caf233e1	f4fd2b1052c2	01:45	3
d3c1f691cb9239b03a6512383da6c8da	f4fd2b1052aa	00:30	1

고객이 매장을 돌아다니는 것을 완벽히 추적하기는 어렵지 않나요?

그렇죠, 쉽진 않아요. 예를 들어 고객이 1번 구역에서 2번 구역을 거쳐야 3번 구역에 갈 수 있는데, 실제로 데이터를 분석해보면 고객이 1번 구역에서 3번 구역으로 바로 이동하기도 합니다. 이건 센서의 측정 문제일 수도 있고요. 위치 계산을 잘못해서일 수도 있어요. 하지만 이런 문제들은 최근에 센서 인식 기술과 측정 방식이 좋아져서 어느 정도 해결되었어요.

어쨌든 이런 데이터를 이용해서 고객이 각 구역에서 다른 구역으로 이동하고, 또 원래 구역으로 돌아오고 하는 것을 프로세스화합니다. 이를 프로세스 마이닝이라고 하는데요. 고객이 어떤 경로로 이동하고 어디서 이탈했는지를 분석할 때 유용합니다.

다른 문제는 없었나요?

데이터 결합 문제가 심각했죠. 이거 때문에 아주 골치 아팠어요. 고객 동선은 센서 데이터로 보잖아요. 그리고 고객의 매출 데이터는 ERP에서 찾아서 봐야 해요. 그런데 이 두 데이터베이스가 일치하지 않는 경우가 있어요.

예를 들어 매장이 보통 8시에 영업을 종료해요. 그런데 ERP에는 8시가 넘어 판매됐다고 기록된 경우도 많았어요. 영업시간에는 바쁘니까 ERP에 바로바로 등록을 안 했던 거죠. 일단 영업 종료하고 나서 구매 내역을 ERP에 한꺼번에 등록하다 보니 구매 시점이 영업 종료 이후 시간이 되는 겁니다. 이러면 우리가 고객과 구매 내역을 매칭하지 못해요.

아무튼 그런 오류를 다 보정해서 데이터를 가공하고 나면 다음 표와 같이 구역별 이동에 따른 매출 결과가 나오죠. 이를 분석해서 고객 방문부터 매출 실적까지를 종합적으로 살펴보는 겁니다.

Movement	Total sales	Total sales ratio	Unit sales	Unit sales ratio	Support	Confidence
LE→LI	$2,001	7.8%	$20	9.3%	3.8%	22.9%
LE→RE	$1,575	6.1%	$11	5.0%	4.7%	28.2%
LE→RI	$816	3.2%	$23	10.5%	2.2%	13.0%
LI→LE	$3,243	12.6%	$23	10.8%	6.4%	24.3%
LI→RE	$1,955	7.6%	$9	4.1%	7.3%	27.7%
LI→RI	$1,732	6.7%	$19	8.7%	7.1%	26.7%
RE→LE	$1,892	7.4%	$15	6.9%	4.6%	15.3%
RE→LI	$2,632	10.2%	$10	4.8%	8.8%	29.2%
RE→RI	$4,579	17.8%	$16	7.6%	16.3%	53.8%
RI→LE	$1,535	6.0%	$36	16.6%	4.2%	15.9%
RI→LI	$2,475	9.6%	$25	11.7%	8.3%	31.4%
RI→RE	$1,279	5.0%	$8	3.9%	4.9%	18.4%
Total	$25,714	100.0%	$215	100.0%		

이런 건 물론 데이터 분석가가 다 하겠죠?

물론 데이터 분석가가 하지만, 현업 전문가가 반드시 확인해야 합니다. 현업 전문가가 같이 보면서 확인해야 어느 데이터가 왜 문제가 되는지 알 수 있죠.

역시 혼자 할 수 있는 것은 없군요.

참, 이 자료를 제가 패션 부문 전략기획실에 보여줘도 되나요?

제가 이 사례를 바탕으로 논문을 썼어요. 논문 제목은 "실내 포지셔닝 시스템을 이용한 매장 레이아웃 최적화Store layout optimization using indoor positioning system"입니다. 링크는 https://bit.ly/3zyAcBh이고요. 한번 참고로 읽어보세요.

이걸 SCI급 저널에 논문으로 발표하셨군요.

아주 큰 도움이 되겠습니다.

고맙습니다.

세 줄 정리

- 매장의 레이아웃과 디스플레이를 데이터 기반으로 개선할 수 있다.

- 고객 동선과 체류 시간 등을 매장에 설치한 센서로 측정하고, 구매 내역
  과 연결하기 위해 데이터베이스 매칭에 신경 써야 한다.

- 현업에서 데이터 분석에 반발하는 경우가 많으므로 현업과 충분히 협의
  하고, 데이터 분석가는 반드시 현장을 확인해야 한다.

김 팀장은 며칠 뒤 패션 계열사 전략기획실장 허 상무를 만나서 테스트 매장에 센서를 달아 측정하고, ERP에 있는 구매 데이터를 뽑아 비교하겠다고 말했다. 이 일은 패션 계열사 쪽 대리와, 본부 기획팀 박 대리를 불러서 지시했다.

보름 뒤 김 팀장은 두 대리와 점장, VMD 담당자, 영업 대표, 브랜드 매니저와 몇 번을 만나 협의하여 매장 디스플레이 위치를 바꾸기로 결정했다. 역시 황보 교수가 말한 대로 현장의 반발과 데이터 매칭이 어려웠다. 하지만 이 문제는 전략기획실장이 바로 해결해줬다.

디스플레이 위치를 바꾼 뒤 다시 보름 동안 고객 데이터와 판매 데이터를 모아 이전 보름과 비교하고, 다른 매장의 판매 추이와도 비교했다.

결과는 놀라웠다. 방문객은 20% 증가하고, 판매 건수는 30%, 매출액은 40%가량 늘었다.

김 팀장은 황보 교수의 말이 생각났다. 공을 가로채면 현업이 싫어한다는 말이었다. 김 팀장은 결과 보고를 해당 브랜드 VMD 담당자가 직접 하도록 했다. 마침 보고 회의에 패션 계열사 사장이 들어왔다. 김 팀장은 회의실 구석에서 구체적인 질문이 나오면 그것만 대답했다. 사장은 보고를 듣는 내내 흥미진진한 표정을 지었다. VMD 담당자 보고가 끝나자 사장은 전략기획실장을 칭찬하며, 이 프로젝트를 전 매장으로 확대하고, VMD 담당자를 매장혁신TF 부팀장으로 발령 냈다.

며칠 뒤 김 팀장 사무실로 전략기획실장과 VMD 담당자가 큰 박스를 몇 개 들고 나타났다. 박스 안에는 남성 캐주얼 인기 상품이 가득했다. 전략기획실장과 VMD 담당자가 고맙다고 김 팀장 본부에 선물한 것이었다. 한 팀원이 옷을 고르면서 한마디 했다.

"우리 팀장님 덕분에 요즘 떡고물이 많이 떨어져서 아주 좋아요 좋아."

모두들 한바탕 크게 웃음을 터뜨렸다.

17

최적화

배분 방식을 개선하여
대리점 재고 관리를 혁신하다

　패션 매장의 레이아웃과 디스플레이를 데이터 기반으로 혁신한 사례가 패션 계열사 내부에 두루 알려지기 시작했다. 이 얘기를 물류총괄실 윤 상무도 들었다. 윤 상무는 요즘 대리점의 재고 문제로 골치가 아팠던 차였다.

　일반적으로 공장에서 새 의류를 생산하면 물류창고에 30%를 남겨놓고 나머지는 대리점에 보낸다. 대리점에 보내야 할 의류가 만 벌이고 매장 300곳에 보내야 할 때, 어느 매장에 어느 사이즈를 몇 벌씩 보내야 하는지를 담당자가 엑셀로 수기 계산한다. 이 걸 초도 배분이라고 하는데, 전년도 매출액을 기준으로 대리점을 등급별로 나눠서 높은 등급 매장에 많이 보내곤 했다.

배분을 잘못하면 고객이 대리점에 방문했을 때 매장에 재고가 없거나, 재고가 있어도 원하는 사이즈가 없는 경우가 발생한다. 어떤 대리점에는 제품이 안 팔려 재고가 남아돌기도 한다. 그러면 한 대리점의 재고를 빼서 다른 매장에 보내야 하는데, 정작 재고를 뺏기는 대리점은 판매 기회가 줄어드니 재고를 잘 안 보내준다. 이것 때문에 몇몇 대리점이 그룹에 본사 갑질이라며 신고하기도 했다.

윤 상무는 이 문제를 데이터 분석으로 풀 수 있으리라 믿었다. 마침 전자 부문의 서울남부영업본부 김 팀장이 계열사의 여러 데이터 분석 문제를 풀고 비즈니스를 혁신하고 있다는 소문이 들려왔다. 서울남부영업본부 이 본부장이 입사 동기였던 터라 본부장에게 전화를 했다.

"이 본부장, 나 윤 상무요. 잘 지내죠? 이 본부장 밑에 김 팀장이라고 데이터 분석하는 친구가 요즘 그룹에서 아주 유명하더라고요. 그래서 내가 좀 부탁을 하고 싶어요. 그 친구를 일주일만 좀 빌려주시오."

"하하하. 윤 상무님도 참. 요즘 하도 여러 곳에서 김 팀장을 빌려달라고 난리라 공짜로 빌려줄 수는 없고, 이번에 우리 본부에 신제품이 나왔는데…. 이거 10억 원어치만 팔아주면 생각해보죠."

"그것참, 누가 영업본부장 아니랄까 봐 그걸 또 계산하시네. 알았어요. 내가 주변에 전화 다 돌릴 테니까 김 팀장을 다음 주에 우리 회사로 좀 보내줘요."

이 본부장은 며칠 동안 고민했던 신제품 판매 목표를 물류총괄실 윤 상무 덕에 해결할 수 있어서 기분이 좋아졌다. 사실 윤 상무가 담당하는 물류총괄실은 워낙 거래처가 많고, 각 거래처가 제법 큰 회사여서 동기 중에서도 인맥이 가장 두터운 사람이었다. 윤 상무가 도와주면 10억 매출은 거뜬히 해결될 일이었다. 이 본부장은 바로 김 팀장을 불러 다음 주에 윤 상무에게 가서 얘기를 들어보고 일을 처리해주라고 전했다.

본부장실을 나온 김 팀장은 점점 자기 몸값이 올라가는 걸 느꼈다. 영업 관리만 하는 것보다 훨씬 인정도 많이 받고, 도전적인 일을 계속하다 보니 재미도 있었다. 얼른 다음 주가 되길 바라면서 자리로 가려다, 황보 교수에게 미리 물어보고 윤 상무를 만나는 게 좋겠다는 생각이 문득 들었다. 어쩌면 황보 교수가 이미 이 문제를 해결했을지도 모를 일이니. 김 팀장은 회의실로 가서 바로 황보 교수에게 전화를 걸었다.

황보 교수, 패션 쪽에서 또 의뢰가 왔어요.

우리 지금 꼭 탐정 일을 하는 것 같네요. 이번에는 물류총괄실에서 온 건데요. 옷을 만들면 창고에 얼마를 남겨두고, 나머지를 대리점 300곳에 보내요. 이걸 지금 엑셀을 사용해서 수작업으로 하는데…….

초도 배분 문제를 말씀하셨나 보네요. 저도 몇 년 전 해봤던 일이에요.

역시 황보 교수는 뭘 말해도 착착 나오네요. 그땐 어떻게 해결했나요?

사실 물류는 패션 기업에서 가장 어려운 문제 중 하나예요. 김 팀장네 전자 쪽은 이런 문제가 별로 없잖아요.

그렇죠. 저희는 제품이 그렇게 다양하지도 않고요. 전자제품이란 게 전시용이지 그 제품을 바로 파는 건 아니니까요. 어차피 고객이 주문하면 창고에서 배송하거든요.

그런데 패션은 그렇지 않죠. 어느 매장에 재고가 없으면 거기서 주문을 안 하고, 바로 옆에 있는 경쟁사 매장으로 가버리죠. 옷이란 것이 색상도 다양하고, 사이즈도 여러 가지고요. 그런데 유행이 지나면 또 못 팔아요. 신상품도 시즌이 지나면 바로 재고가 돼서 아웃렛으로 보내야 하잖아요. 그때는 가격이 절반으로 떨어지죠. 그렇다고 대리점이 재고를 사들이는 것도 아니고, 재고를 쌓아놨다가 안 팔리면 손해가 되고요.

패션 기업은 재고 관리가 곧 생명이군요. 지금 우리 패션 계열사에서는 전년도 매장 매출액으로 등급을 나눠서 초도 물량을 보낸다고 하는데, 제가 볼 때는 회귀로 풀 수 있을 것 같아요. 종속 변수가 결국 어디에 몇 벌을 보내느냐 하는 수치형이잖아요. 선형 회귀로 풀 수 있는 문제 아닌가요?

네, 맞습니다. 매장별 판매량 예측은 판매에 영향을 주는 변수, 즉 매장 크기나 고객 선호 색상 같은 것을 찾아내서 회귀 문제로 풀면 돼요. 그때 우리도 실제 다중선형 회귀로 계산했어요. 생각 외로 간단하죠? 그런데 문제가 있어요.

회귀로 풀면 되는데 문제가 있다고요?

우선 소수점이 나오는 문제가 있어요. 예를 들어 캐주얼 셔츠를 사이즈별로 3000벌 생산해서 1000벌은 창고에 보관하고, 2000벌을 매장 300곳에 보낸다고 가정해보죠. 그러면 어떤 매장은 같은 사이즈를 3벌, 어떤 매장은 2벌, 어떤 매장은 1벌, 이렇게 받아야 하잖아요.

그런데 회귀로 계산하면 정수로 떨어지지 않고 소수점이 나옵니다. 다음 표처럼요. 여기서 SKU는 스톡 키핑 유닛 Stock Keeping Unit 이라고 해서, 개별 상품번호를 의미해요. SKU-01을 남성 캐주얼 셔츠 01번 제품이라고 생각하면 됩니다.

	Shop A	Shop B	Shop C
SKU 1	1.23	2.54	1.10
SKU 2	0.74	1.52	0.66
SKU 3	1.97	2.06	1.76
SKU 4	1.48	2.10	1.32

확실히 소수점이 나오는군요. 그렇다고 옷을 찢어서 보낼 수는 없겠고요. 이 문제는 어떻게 풀어야 하나요?

　　이런 문제를 해결하는 것이 최적화입니다. 우리가 지금까지는 여러 X를 보고 Y를 산출하거나, 둘의 관계를 봤죠. 그런데 최적화는 Y가 이미 있을 때 여러 X의 조합을 계산하는 겁니다. Y가 남성 캐주얼 셔츠의 초도 배분 물량 2000벌이라고 했을 때, X는 뭐가 될까요?

X는 당연히 매장별 배분량이겠죠? 매장별 배분량을 다 합하면 Y, 즉 초도 배분 물량 2000벌이 되어야 하니까요.

　　맞아요. 이때 조건을 줄 수도 있어요. Y의 값도 조건이고요. 매장마다 최소 배분 수량이라든지, 모든 매장에 각 사이즈를 한 벌 이상씩 배분해야 한다든지요. 이런 여러 조건에서 최적의 답을 찾는 것이 바로 최적화입니다. 이때 최적화 기법 가운데 많이 사용되는 방법이 몬테카를로 시뮬레이션 Monte Carlo Simulation 입니다.

몬테카를로요? 모나코에 있는 카지노 도시 말씀인가요?

   김 팀장이 세계 지리에 밝으시네요. 도박의 도시인 몬테카를로 이름을 본뜬 겁니다.

사실 데이터 분석이 도박에서 이기기 위해 만들어졌다고 말하는 사람도 있더라고요. 요즘은 주식 때문에 데이터 분석이나 차트 읽기 책이 많이 팔리기도 하고요.

   하하하, 어쩌면 데이터 분석이 요즘 시대에 가장 쓸모 있는 도구일 수도 있겠네요. 아무튼 그래서 당시 프로젝트에서는 다중선형 회귀와 몬테카를로 시뮬레이션을 활용해서 문제를 해결했어요. 몬테카를로 시뮬레이션은 의사결정나무처럼 액션 플랜을 바로 수립하게 만들어줍니다. 정확한 계산이 아니라 바로 의사결정을 할 수 있게요. 세부 내용을 알 필요는 없어요. 어차피 소프트웨어가 다 알아서 하니까요.
   시뮬레이션 결과는 다음 표와 같이 정수로 딱 떨어지게 나와요. 당시에는 매장별 최소 배분 수량이 3벌이라는 조건까지 넣어서 구했습니다.

	Shop A	Shop B	Shop C
SKU 1	3	3	
SKU 2		3	
SKU 3	3		3
SKU 4		3	3

어떻게 보면 되게 쉽네요.

성과는 어떤가요? 매출이 늘었다거나 하는 건요?

매출은 약간 증가했어요. 재고가 없어 판매 기회 손실이 발생하는 경우를 줄인 덕이죠. 또 상위 매장과 하위 매장에 상품을 좀 더 고루 배분할 수 있었어요. 사람이 직접 했을 때는 상위 매장에 집중된 경향이 있었는데요, 몬테카를로 시뮬레이션을 사용해서 배분을 전체적으로 고르게 했다고 보면 됩니다.

매장에서 반발하던 게 좀 줄어들겠네요.

그것도 있고요. 초도 물량 배분 개선의 성과는 의외로 다른 데 있었어요. 당시 이 업무 담당자는 봄, 여름, 가을, 겨울 시즌마다 보름씩 이 작업을 했어요. 각 브랜드에서 대리급 담당자가 시즌마다 이 작업을 하죠. 시즌별로 새로 나오는 상품도 많고, 매장도 많고, 사이즈도 다양하기 때문에 이 일을 할 때는 다른 일을 할 수가 없었어요. 대략 1년 중 두 달을 이 일만 하는 거죠.

그런데 회사에서 취급하는 브랜드가 20개가 넘어요. 한 사람 연봉과 4대 보험료 등 대충 계산해서 인건비가 5000만 원이라고 해보죠. 15%면 750만 원이고요. 여기에 20명을 곱하면 1억 5000만 원입니다. 1년에 1억 5000만 원을 줄인 거예요.

그동안 엑셀로 일일이 수작업했던 것을 소프트웨어가 자동으로 계산해주니까요.

그렇죠. 그러니 담당자들이 아주 대환영했죠. 여기서 좀 더 나아가서 박스 구성도 최적화했어요.

박스 구성이 뭐예요?

물류 창고에서 각 매장으로 옷을 보내려면 박스에 넣어야 해요. 박스 하나당 돈을 냅니다. 그러면 예를 들어 옷을 5벌 집어넣어 한 박스를 만든다고 했을 때, 어느 매장에는 6벌을 보내야 한다고 해보죠. 그러면 박스가 몇 개 필요할까요?

5벌에 한 박스니까, 두 박스가 필요하겠죠.

맞아요. 그런데 겨우 한 벌 더 보내려고 박스 하나 값을 더 내기는 아깝죠. 만약 4벌 보내야 하는 매장이 있다면 차라리 이 매장에 그 한 벌을 더 주는 게 낫죠. 그래서 박스 크기를 고려하는 조건을 몬테카를로 시뮬레이션과 결합했어요. 이렇게 해서 물류비용 자체도 조금 줄일 수 있었죠.

패션 계열사가 트렌디해서 일을 체계적으로 잘하고 여러 문제를 이미 풀고 있을 줄 알았는데, 막상 보면 아직 해결해야 할 과제가 많군요?

데이터 분석 관점에서 보면 아직도 개선해야 할 것이 많아요. 지금 김 팀장은 배분과 물류 관점의 문제를 본 겁니다. 하지만 상품 기획이나 구매, 생산, 영업, 마케팅에도 문제가 산적해 있죠. 이걸 하나씩 데이터 분석으로 풀어야 하는 겁니다.

데이터 분석으로 정말 할 일이 많네요. 여태까지는 지난 데이터로 과거에 무슨 일이 일어났는지를 봤다면, 이제는 무엇을 어떻게 해야 하는지를 데이터 분석이 제시할 수 있겠네요.

네. 말씀하신 내용이 바로 데이터 분석 기능의 변화입니다. 지금까지 우리가 회사에서 분석하거나 보고한 것은 대부분 기술 통계였어요. 작년 매출이 얼마였고, 지난주 판매량은 얼마고 하는 것이죠. 이것을 기술적 분석 Descriptive Analytics 이라고 합니다. 여기서 조금 더 잘하는 회

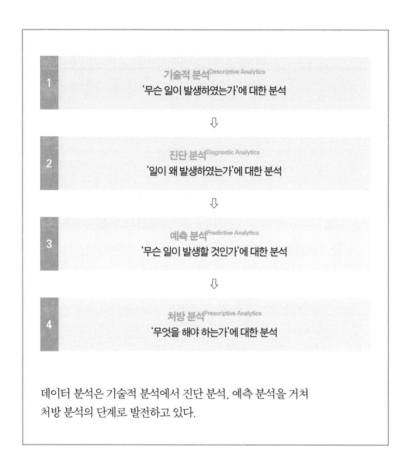

1	기술적 분석 Descriptive Analytics '무슨 일이 발생하였는가'에 대한 분석
2	진단 분석 Diagnostic Analytics '일이 왜 발생하였는가'에 대한 분석
3	예측 분석 Predictive Analytics '무슨 일이 발생할 것인가'에 대한 분석
4	처방 분석 Prescriptive Analytics '무엇을 해야 하는가'에 대한 분석

데이터 분석은 기술적 분석에서 진단 분석, 예측 분석을 거쳐
처방 분석의 단계로 발전하고 있다.

사는 진단 분석 Diagnostic Analytics 을 합니다. 이게 사실 추론이죠. 작년에
매출액이 증가했는데 그 이유가 무엇인지, 원인과 결과 사이의 관계를
분석하는 거예요. 그리고 나면 이제 예측 분석 Predictive Analytics 을 할 수 있
어요. 앞으로 무슨 일이 벌어질지 맞히는 거죠. 물론 진단 분석과 예측
분석을 병행하는 경우가 많습니다. 마지막 단계는 처방 분석 Prescriptive

Analytics입니다. 앞으로 무엇을, 어떻게 하면 되는지 처방하는 겁니다. 우리는 처방 분석까지 가야 해요. 그래야 데이터 분석으로 의사결정을 제대로 할 수 있죠.

맞아요. 항상 '그래서 어쩌라고'가 문제죠.

그런데 아직 많은 기업이 처방 분석 단계까지 못 가고 있어요. 보통 첫 단계인 기술적 분석만 하고요. 좀 한다 하는 기업도 진단 분석과 예측 분석까지입니다. 세계적으로 잘나가는 기업은 처방 분석을 통해 일하는 방식과 프로세스를 개선합니다. 우리도 이제 서둘러야 해요.

저도 좀더 공부해야겠어요. 사실 기업이 데이터로 의사결정을 하는 일은 결국 비즈니스 그 자체잖아요. 일을 잘한다는 것은 곧 데이터를 잘 활용한다는 것이고요. C레벨에서는 이미 이런 생각이 퍼져 있는 것 같아요. 이런 마인드를 말단 사원에게까지 내리고 데이터로 리딩하고 의사결정하는 문화를 어떻게 만들지도 한번 연구해봐야겠어요.

오늘도 고맙습니다.

　　김 팀장은 다음 주가 되자 물류총괄실로 출근했다. 그리고 일주일 만에 기존에 수작업으로 초도 배분하던 것을 분석 소프트웨어를 사용해서 클릭 한 번으로 계산하게 만들었다. 담당자가 엑셀이 편하다고 하여 분석 소프트웨어로 분석한 결과를 엑셀로 받아볼 수 있게 연동해주었다. 물론 실제 업무는 기획팀 박 대리에게 지시했고, 김 팀장은 현업과 박 대리 사이를 중재하기만 했다.

　　이 일은 곧바로 사장 귀에 들어갔고, 사장은 전체 브랜드의 초도 배분을 모두 데이터 분석으로 하라고 지시했다. 김 팀장은 브랜드별로 물류 담당자를 모아서 하루 교육을 진행했다. 이들이 교육을 받고 돌아가더니 기존 문제뿐 아니라 다른 문제도 풀어내기 시작했다. 업무 시간에 여유가 생겼기 때문이다.

　김 팀장은 데이터로 할 수 있는 일이 무궁무진하다는 생각이 들었다. 어쩌면 단순히 현업의 문제를 해결하는 것을 넘어 이제는 정말 데이터로 비즈니스를 혁신할 수 있을지도 모를 일이다. 데이터가 비즈니스를 주도하는 때가 머지않은 것 같았다. 김 팀장은 이제 본격적으로 데이터를 연구하고 활용하겠다고 다짐했다.

4 Q&A

질문과 답 | 팀장들의 궁금증을 풀어주다

18

데이터 과학자 연봉이
몇억이라는데 진짜예요?

김 팀장은 오랜만에 입사 동기 회식에 참가했다. 입사할 때는 100명이 넘었는데 이제는 20여 명만 회사에 남았다. 그래도 다들 부장, 팀장, 임원이 되어서 열심히들 살고 있었다.

술이 어느 정도 들어가자 옛날에 입사할 때 있었던 에피소드, 지금 상사 흉, 말썽 많은 팀원 얘기를 나눴다. 때로는 삼삼오오로, 때로는 모두가 한 사람 얘기에 귀를 기울였다. 그때 본사 인사실에서 교육 업무를 담당하는 한 부장이 김 팀장에게 물었다.

"참, 김 팀장. 지금 우리 인사팀에 김 팀장 얘기가 떠돌던데 그거 맞아? 이번에 조직 개편하면서 데이터 담당 부서가 새로 생기는데, 거기 장으로 간다는 소문 말이야."

"뭐? 본사 인사팀에 그런 소문이 돌아? 아니, 그걸 한 부장이 잘 알지, 내가 어떻게 알아? 난 들은 거 없는데? 아니, 그보다는 그게 무슨 말이야? 데이터 부서가 생긴다니?"

"아, 아냐. 난 그냥 옆에서 들리길래. 난 교육 담당이라 잘 몰라."

한 부장은 슬며시 꼬리를 내렸다. 김 팀장은 더 캐묻고 싶었지만, 괜히 입사 동기 모임에서 이런저런 소문이 나는 건 좋지 않을 것 같아 멈췄다. 그런데 개구쟁이 같은 다른 동기들이 다들 쳐다보며 한마디씩 했다.

"뭐? 김 팀장이 데이터분석실장이 된다고?"

"진짜? 그럼 이번에 별 다는 거야?"

"지주사로 가는 거야?"

김 팀장은 자리가 가시방석 같았지만 듣기 싫은 말은 또 아니었다. 요즘 트렌드도 그렇고 회사에서 활약한 것도 그렇고. 어쩌면 그런 꿈도 꿀 만했다. 그때 한 부장이 다른 동기의 입을 막으며 주제를 바꿨다.

"에헤, 다들 그만들 하시고. 그런데 김 팀장. 내가 데이터 분석에 대해 궁금한 게 있는데…. 물어보기 좀 부끄러워서 이런 거 물어봐도 되나 모르겠네?"

"뭔데? 물어봐. 괜찮아."

"궁금한 게 뭐냐면⋯. 이런 거 물어본다고 너무 무시하지 마라. 내가 뉴스를 보니까 데이터 과학자 연봉이 몇억이나 된다던데 진짜야?"

"푸하하."

한 부장 말에 다들 폭소가 쏟아졌다. 그때 회계팀장이 특유의 저음으로 말을 이었다.

"사실⋯ 나도 그게 좀 궁금하긴 했어. 물어보기가 바보 같기도 하고, 어디 물어볼 곳도 없고⋯."

폭소가 조금씩 잦아들더니 동기 스무 명이 다들 김 팀장을 보고 떠듬거리며 묻기 시작했다.

"나도⋯ 궁금한 게 있는데⋯ 데이터 분석하고 인공지능하고 무슨 차이야?"

"데이터 분석하려면 인공지능을 알아야 해?"

"인공지능 채용이 진짜 효과가 있긴 해? 난 사기 같은데?"

"데이터 분석은 그냥 엑셀로 하면 되는 거 아냐? 뭘 설치하고 그래야 하는 거야?"

"데이터 분석 경진대회 같은 건 정말 효과가 있나?"

"이루다 같은 인공지능 챗봇에서 개인정보보호 문제를 왜 못 막았지?"

"설문 잘하려면 어떻게 해야 해? 설문도 데이터 아닌가?"

"구글이 캐글을 인수했다던데… 캐글이 도대체 뭐야?"

"데이터 분석을 하려면 누굴 뽑아야 해?"

"R이나 파이썬 같은 프로그램을 배워야 데이터 분석을 할 수 있는 거야?"

"데이터 분석 잘하면 주식도 잘해?"

"엑셀 말고 무슨 소프트웨어를 써야 하는 거야?"

김 팀장은 두 번 놀랐다. 부장, 팀장, 임원이나 되는 동기들의 질문이 너무 초보적인 수준이어서 놀랐고, 막상 대답을 해주려니 자기도 잘 몰라서 놀랐다.

어쩌면 회사에서 이런 초보적인 질문부터 해결해나가는 게 맞을 듯싶었다. 특강이나 토크쇼로 이런 가벼운 질문부터 해결하면서 점점 데이터 분석의 세계에 들어가면 어떨까?

"내가 다음 주에 화상회의로 세미나 하나 열 테니 다들 들어와. 내가 너희들 질문에 아주 자세히 대답해줄게."

회식이 끝나고 다음 날 김 팀장은 황보 교수를 만났다.

황보 교수, 내가 어제 입사 동기 모임에 갔는데요.
대부분 팀장들이거든요. 근데 모두 나한테 궁금하다며 물어보는 게
데이터 과학자 연봉이 몇억이라는데 사실이냐, 데이터 분석하고
인공지능이 뭐가 다르냐, 캐글이라고 들어봤는데 이건 뭐냐,
이루다 같은 챗봇의 개인정보보호 문제는 왜 못 막았냐, 인공지능으로
면접을 보면 좋냐, R이나 파이썬을 배워야 하냐…….
뭐 이런 기초적인 질문을 하는 겁니다.

하하하. 다들 궁금하지만 막상 대놓고 물어보기에는 부끄러울 수 있
는 것들이네요.

네, 저도 처음엔 뭐 이런 초보 수준의 질문을 하나 생각했는데
막상 대답을 하려니 저도 모르겠어요. 또 궁금하기도 하고요.

우선 하나하나 얘기해보죠. 가장 궁금한 것은 아무래도 데이터 과학
자의 연봉이겠죠?

그렇죠. 연봉만큼 중요한 게 어딨겠어요? 저도 데이터 분석에 관심을
가지니까 관련 뉴스도 챙겨 보는데요. 요즘 데이터 과학자가 아주
'핫' 한 직업이라네요. 통계학과 컴퓨터 프로그래밍 지식에 비즈니스
통찰력까지 갖추면 연봉을 수억 주고 데려간다는데 사실인가요?

네. 맞습니다. 그런 사람은 연봉을 수억 줘도 아깝지 않죠. 정말 실력이 있다면 10억도 받을 겁니다. 그런데 실제로 이런 사람을 거액을 주고 채용하려고 해도 없어요.

네? 그런 사람이 없다니요? 데이터 사이언티스트, 그러니까
데이터 과학자가 없다고요?

네, 아마 다들 데이터 과학자가 갖추어야 할 역량에 대해 다음 그림을 보고 얘기하는 걸 겁니다. 그림을 잘 보세요. 여기서 비즈니스 인사이트가 있어야 갖출 수 있는 컨설팅 역량은 학교에서 가르쳐줄 수가 없어요. 이런 건 기업 현장에서 일하면서 배우고 터득하는 거죠. 그리고 학교에서 컴퓨터 프로그래밍과 통계 분석을 같은 전공에서 동시에 가르친 것도 최근 일입니다.

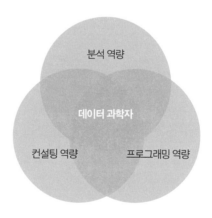

물론 최근 데이터 과학 붐이 일고 난 뒤 데이터 과학자가 되고 싶어서 데이터 분석과 컴퓨터 프로그래밍을 배우는 학생이 많아졌어요. 하지만 대학에서 전공과목 4년 배웠다고 전문가라고 부를 수 있나요? 일반적으로 석사 또는 박사 학위를 받고, 최소 10년 이상 실무 경험을 쌓아야 한 분야의 전문가라고 부르잖아요. 데이터 과학자라면 세 분야에서 전문적인 역량을 갖추어야 하는데, 그런 사람은 현실에서 찾기 매우 어렵습니다. 거의 슈퍼맨 같은 존재죠.

다음 그림도 보시죠. 이 그림은 정보사회진흥원(구 한국정보화진흥원)이 만든 빅데이터 역량 모델이에요. 역량을 자세히 보세요. 이런 역량을 전문적으로 모두 갖춘 사람이 얼마나 될까요?

핵심 역량	기반 역량 (Foundation Coverage)	기술 역량 (Technology Coverage)	분석 역량 (Analysis Coverage)	사업 역량 (Business Coverage)
전문가	F1 통찰과 소통	T1 빅데이터 아키텍처	A1 빅데이터 예측 분석	B1 빅데이터 리더십
				B2 의사결정 및 성과 관리
				B3 빅데이터 정책
고급	F2 설득과 협상	T2 빅데이터 플랫폼 구축 및 활용	A2 데이터 마이닝	B4 프로젝트 매니지먼트
	F3 논리적 자기표현	T3 빅데이터 처리 및 분석	A3 비정형 데이터 마이닝	B5 분석 모형 및 성과 평가
			A4 Business Intelligence	B6 Business Analysis
중급	F4 빅데이터 윤리 의식	T4 빅데이터 저장 및 관리	A5 분석적 마인드	B7 전략적 사고방식
	F5 창의적 문제 해결	T5 빅데이터 수집	A6 통계 패키지 활용	B8 빅데이터 최적화 모델링
		T6 빅데이터 플랫폼 이론		B9 업무 프로세스 지식
			A7 수리적·정량적 사고방식	
초급	F6 빅데이터 트렌드	T7 빅데이터 프로그래밍		B10 업종 특화 지식
	F7 빅데이터 비즈니스 이해	T8 기초 IT 이론	A8 기초 통계 이론	B11 기초 경영·경제 관련 지식

그럼 TV나 유튜브에서 데이터 과학자라고 해서 인터뷰도 하고,
강의도 하고, 자문도 하는 사람들은요?

　　그런 분들 100명 중 90명 이상은 사실 데이터 과학자라고 부를 수 없
어요. 세 가지 분야에서 모두 전문적인 역량을 갖추지 못했거든요.
　　제가 자·타칭 데이터 과학자들을 많이 만나봤지만, 세 가지 분야에서
모두 전문 역량을 갖춘 분들은 정작 100명 중 두세 명에 불과했어요.
그런 분들은 데이터 과학자라는 용어가 나오기 전에도 이미 연봉을
수억 받던 분들이에요.

네? 아니, 그러면 황보 교수는요? 데이터 과학자 아니에요?

　　전 데이터 과학자로 불리는 건 거부하고, 데이터 분석가라는 호칭
을 좋아해요. 저는 실무에서 비즈니스 컨설팅 경험도 있고, 통계 기
반의 데이터 분석 역량도 있지만, 컴퓨터 프로그래밍은 전문가 수준
이 아닙니다. 세 가지를 다 가진 경우가 3이라고 했을 때, 제 역량은
2.2~2.3 정도로 볼 수 있어요.
　　김 팀장이 과거에 기획도 하고, 컨설팅도 하고, 프로그래밍도 했잖아요.
이번에 저와 함께 데이터 분석을 배웠으니 김 팀장이 저보다 더 낫겠는
데요. 2.4 정도?

저를 사기꾼으로 만드시는군요, 하하하.

그럼 왜 데이터 과학자 미신이 시작된 건가요?

데이터 과학자라는 용어를 만든 사람은 오바마 대통령 당시 미국 백악 관에서 최고 데이터 책임자Chief Data Officer; CDO로 일했던 DJ 파틸DJ Patil입 니다. 그가 2012년 《하버드 비즈니스 리뷰》에 "데이터 과학자: 21세 기 가장 매력적인 직업 Data Scientist: the Sexiest Job of the 21st Century"이라는 글을 기고해서 데이터 과학 열풍을 불러왔죠. 그런데 파틸이 나중에 이렇게 말했어요. '내가 데이터 과학자라는 용어를 만들었지만, 데이터 과학자 라는 직무는 개인이 아니라 팀 차원에서 해야 하는 일이다'라고요. 하 지만 그전에 데이터 과학자라는 신화가 사람들 머릿속에 박힌 거죠.

그럼 만약 회사에서 데이터 과학을 위한 부서를 만든다면 어떤 사람을 채용해야 하나요? 세 가지 역량을 조금씩 가진 사람이 나은가요? 아니면 나머지 역량이 부족하더라도 한 가지를 잘 아는 사람이 나은가요?

제 경험으로 보면 한 분야를 제대로 아는 사람을 채용하는 게 좋습니 다. 데이터 분석을 잘하거나, 분석 프로그래밍을 잘하거나, 비즈니스 인사이트가 있는 사람이요. 보통 한 분야를 제대로 아는 사람은 다른 분야도 조금씩 아는 경우가 많아요. 그런데 이런 것 하나라도 잘하는 사람은 이미 다른 데서 높은 연봉을 받으며 일하고 있겠죠? 그래서 저는 가능하다면 내부에서 인력을 육성하라고 조언합니다.

외부에서 사람을 채용하기보다는 내부 인력을 데이터 과학자로
만들라는 말이죠?

　네, 맞습니다. 우선 비즈니스 인사이트가 있는 사람은 외부가 아니라
내부에 있을 가능성이 높죠. 현업 담당자가 산업에 대한 전문성도 갖
추고 있을 거고, 해당 비즈니스에 대한 노하우도 가장 많이 쌓았을 테
니까요. 이런 직원 중에서 데이터 분석이나 프로그래밍을 배울 사람
을 선발하는 게 좋습니다.
　모 은행에서 데이터 분석에 관심이 있고, 자기계발에 열정이 있는 직원
을 뽑아서 대학교에 보내 데이터 과학자 과정을 수강하게 했어요. 요즘
대학마다 데이터 분석을 가르치는 석·박사 과정도 있고요.
　대기업이면 대학에 계약 학과를 만들어 직원을 보내기도 하죠. 보통
주말 과정이니까 회사에서는 등록금만 대면 됩니다. 비싼 연봉을 주
고 외부 인력을 뽑는 것과 내부 인력을 재교육해서 전문가로 육성하
는 것 중 어느 쪽이 나은지 회사에서 판단하면 돼요.

그럼 그런 직원이 회사에서 데이터 분석가가 되는 거군요.
그런데 혼자 데이터 분석가가 되면 좀 외롭지 않을까요?

　외롭기도 하지만, 성과 측면에서 우려가 있어요. 데이터 분석은 프로
젝트팀 단위로 하는 것이 좋습니다. 그러기 위해서는 회사에 데이터
분석가가 최소 서너 명은 있어야 해요.

이제 복잡한 계산은 소프트웨어가 합니다. 분석가는 데이터를 가공하고, 방법론을 선택해서 모형을 만들고, 분석 결과를 해석하는 일을 하죠. 그런데 사람마다 현상을 해석하고 문제를 정의하는 방식이 다를 수 있잖아요. 그러니 한 사람보다는 여러 사람이 문제를 같이 논의하는 것이 좋아요. 데이터 분석가 한 명, 프로그래머 한 명, 업무 전문가 한 명이 팀을 이루는 것도 괜찮은 방법입니다.

데이터 분석가의 소속은 어디로 하면 좋을까요?
업무 전문가나 프로그래머와 소통하려면 현업에 소속되어 있는 게 좋을 것 같은데요.

제가 학교로 오기 전에 현장에서 빅데이터 조직을 총괄했어요. 그때 가장 어려운 것이 바로 현업 부서의 협조를 받아 데이터를 확보하는 일이었죠. 김 팀장도 잘 알겠지만, 현업은 본인들의 데이터를 보여주는 걸 끔찍이 싫어해요. 마치 본인들의 치부를 드러내는 것처럼 생각하잖아요.

저도 컨설팅을 하며 공장을 다녀보면 데이터를 보여주기 싫어하더라고요. 조작한 데이터도 있고, 잘못 입력된 데이터도 있고, 또 데이터를 다 까발렸다가 자기 일이 사라질까 두려워하는 사람도 있고요.

그래서 데이터 분석가나, 데이터 분석 조직은 파워가 있어야 해요. 저는 그룹이면 지주사, 일반 기업이면 CEO 직속이거나 기획실 소속을 권장합니다. 힘이 있어야 현업의 데이터를 볼 수 있기 때문이죠.

데이터 분석가에게 필요한 태도나 자질 같은 것이 있을까요?
아까 자기계발에 대한 열정을 얘기하셨는데요.

데이터 분석가에게는 진짜 열정이 필요합니다. 현실적으로 얘기하면 자기 연봉을 올리겠다는 의지가 있는 사람이죠. 또 인내심이 있어야 해요. 데이터 분석에서 분석 결과를 보고 판단하는 건 재밌어요. 하지만 그 전에 해야 하는 데이터 수집부터 가공까지가 전체 업무의 80~90%를 차지해요. 이 일은 무진장 지루하고 시간도 엄청 오래 걸립니다. 이런 지난한 일을 감당하고 견뎌낼 수 있는 사람이어야 하죠.

음… 저군요?

김 팀장이 딱이라니까요. 그래서 제가 전에 같이 일할 때 김 팀장에게 텍스트 분석을 해보라고 했잖아요.

아, 그러고 보니 기억나네요. 그게 6~7년 전이죠?
그때 진작에 이쪽으로 왔으면 지금쯤 연봉이… 하하하.
아무튼 오늘도 궁금한 걸 잘 해소했습니다. 고맙습니다.

세 줄 정리

- 현실에서 데이터 분석, 프로그래밍, 비즈니스 인사이트 역량을 다 갖춘 데이터 과학자는 매우 드물다.

- 회사는 내부에서 비즈니스 인사이트가 있는 직원에게 데이터 분석과 프로그래밍을 가르치는 방안을 고민할 필요가 있다.

- 데이터 분석을 위한 조직은 현업의 협조를 받기 위해 힘 있는 부서에 소속되는 것이 바람직하다.

19

데이터 분석가는 주식도 잘하겠죠?

이번 질문은 어찌 보면 당연한 것 같기도 하고, 또 전혀 관련 없는 것
같기도 한 겁니다. 데이터 분석 전문가는 주식도 잘할까요?
아니, 황보 교수는 어때요? 단도직입적으로 물어볼게요.
황보 교수도 주식 하죠? 수익률이 얼마나 되나요?

하하하. 결론부터 말씀드리죠. 제가 주식으로 대박 났다면 교수가 되지
않고, 전업 투자자나 펀드 매니저로 엄청 유명해졌겠죠. 또, 주식으로
돈을 많이 벌어서 TV에 나오는 사람은 모두 데이터 분석가였겠죠?

그러고 보니 데이터 분석가가 주식으로 돈 벌어서 TV 나오고 강의한다는 얘기는 못 들었네요. 그렇다고 전혀 관련이 없는 건 아니지 않나요? 데이터 분석이란 것이 기본적으로 추론과 예측이고, 주식도 기본적으로 추론과 예측이잖아요.

그렇죠. 그래서 데이터 분석가가 다른 사람보다 주식을 잘하는 건 맞아요. 하지만 주식으로 대박이 나는 건 별개입니다. 예를 들어 어떤 종목을 샀는데 그 종목이 한 달 만에 10배 올랐어요. 그럼 대박일까요?

대박이죠.

그런데 그 주식을 10만 원어치만 샀어요. 그러면 100만 원이 되었네요. 90만 원 벌었어요. 대박이라고 하기는 그렇죠.

단순히 주식이 오르는 걸 떠나서 얼마나 투자했는지도 중요하네요.

그렇죠. 보통 사람이 어떤 종목을 10억 원어치 사서 그게 100억이 되는 경우는 매우 드물어요. 장기간 많은 돈을 한 종목에 투자하고 묶어놓아야 하는데, 그렇게 할 수 있는 사람이 많지 않죠. 게다가 데이터 분석가라고 해서 특정 종목이 어느 기간 동안, 얼마나 오를지 맞힐 수 있는 건 아닙니다. 이걸 할 수 있으면 제가 데이터 분석 안 하고 전업 투자자가 되었겠죠, 하하하.

그러면 데이터 분석가는 뭘 잘하나요? 남들보다요.

우선 주식을 잘한다는 것이 무엇인지 얘기해보죠. 운이 따라서 주식으로 돈을 벌었다고 해서 주식을 잘한다고 볼 수는 없어요. 한 번은 운이 좋을 수 있겠지만, 여러 번에 걸쳐 지속적으로 운이 좋을 수는 없잖아요. 만약 그런 사람이 있다면 펀드 매니저로 스카우트 되었겠죠. 주식의 움직임을 내다보는 족집게 도사일 거니까요. 하지만 실제로는 그런 경우가 없습니다.

사실 펀드 매니저처럼 전문으로 주식을 운용하는 사람들은 코스피 200 같은 시장의 수익률보다 조금 더 이익을 내거나, 손해를 덜 보는 것을 추구해요. 주식이 오를 때 조금 더 이익을 보고, 주식이 내려갈 때 조금 덜 손해 보는 것이 핵심이죠. 남들보다 1% 더 벌면 훌륭한 거죠.

펀드 매니저는 운용 규모가 크니까 1%만 더 벌어도 엄청나겠네요.
그런데 데이터 분석가가 펀드 매니저를 하면 되는 거 아닌가요?

펀드 매니저는 해당 회사나 산업의 지표와 차트를 분석해서 주식을 살지 팔지 결정하곤 하는데요. 이걸 인공지능이 더 정교화하고 신속하게 처리하도록 할 수 있어요. 실제로 얼마 전 골드만삭스의 주식 트레이더 중 절반이 해고됐어요. 이 자리를 로보 어드바이저가 대체하고 있죠.

로보 어드바이저는 요즘 금융 광고에서도 많이 나오더라고요.
인공지능이 주식을 추천하는 거죠?

맞아요. 투자에는 액티브^{Active} 투자와 패시브^{Passive} 투자가 있어요. 액티브 투자는 공격적으로 투자하는 건데요, 그 결과는 고위험 고수익, 즉 '하이 리스크, 하이 리턴^{High Risk,High Return}'으로 나타납니다. 반면에 패시브 투자는 시장수익률을 따라가면서 그보다 조금 높은 수익률을 추구하죠.

로보 어드바이저는 일반적으로 패시브 투자에 더 많이 적용되며, 시장수익률보다 조금 더 벌거나 조금 덜 손해 보는 투자를 추구합니다. 특히 우리가 펀드에 가입하면 펀드 매니저의 높은 연봉 때문에 운용 수수료가 흔히 연 2~3%쯤 되잖아요. 로보 어드바이저를 쓰면 일단 운용 수수료를 절반 이하로 낮추기 때문에 그만큼 수익률이 높아질 수 있죠. 따라서 시장수익률보다 1~2%를 더 벌면 된다고 생각하는 사람들이 이런 로보 어드바이저를 이용합니다.

데이터 분석가는 직접 주식을 운용하기보다는 인공지능을 활용한
알고리즘을 만들어서 파는군요.

네. 맞습니다. 그렇게 데이터 분석과 금융 투자를 합친 것을 퀀트^{Quant}라고 합니다. 퀀트는 'Quantitative'의 준말인데요. '정량적', '계량적'이라는 말이죠. 즉 계량화된 수치를 이용해서 투자하는 것이 퀀트

투자예요. 보통 수학이나 통계학 기반으로 투자 알고리즘을 만들고, 그 알고리즘에 따라 주식을 매매하는 것을 말하죠. 이건 이제 과학으로 인정받았는데요. 그래서 대학에서는 금융공학이라는 이름으로 퀀트를 가르치기도 해요.

보통 주식 하는 사람들은 감으로 하잖아요. 그 회사 대표와 친분이 있다거나, 어떤 유명한 사람이 그 회사에 몰래 투자했다거나, 제품이 마음에 들어서 그 회사에 투자하잖아요. 그런데 퀀트 투자는 말 그대로 정량 데이터와 알고리즘만 갖고 하는 거군요?

주식 투자하는 사람들도 데이터 분석을 하긴 합니다. 크게 기술적 분석과 기본적 분석으로 나눌 수 있죠. 기술적 분석이란 한마디로 차트를 보는 겁니다. 차트를 보면서 추세를 읽는 거죠. 예를 들어 '7일 이동 평균선이 60일 이동 평균선을 상향 돌파하면 향후 주식이 오를 가능성이 높다' 하는 식으로요.

그런데 데이터 분석가는 이런 기술적 분석보다는 기본적 분석을 추천합니다. 기본적 분석은 자기자본이익률Return on Equity; ROE, 주가수익비율Price Earning Ratio; PER, 자산가치 같은 지표를 주식 투자에 활용하는 겁니다. 즉 주가가 기업의 본질 가치보다 저평가되어 있다고 판단하면 그 주식을 사는 겁니다. 이걸 가치 투자라고 하는데요. 투자의 귀재라고 하는 워런 버핏이 가치 투자로 유명하죠.

그런데 그건 데이터 분석이라기보다는… 그냥 산수 아닌가요?

네, 맞습니다. 우리가 배운 데이터 분석에서 기초통계량을 보는 수준이죠. 그런데 우리 주변에서 주식 투자하는 분들 중에는 기본적 분석조차 하지 않는 분이 많아요. 기본적 분석에 근거해서 주식 투자하는 사람이 데이터 분석도 더 잘할 겁니다. 왜냐하면 주식 투자나 데이터 분석이나, 둘 다 근거에 기반해서 의사결정을 한다는 점과 결론을 도출하는 과정에서 인내심이 필요하다는 점에 공통점이 있기 때문이죠. 주식 투자로 한 번이 아니라 반복적으로 수익을 거두는 사람은 근거에 기반하여 의사결정을 합니다. 근거가 확실하다면 다음에도 같은 방식으로 수익을 거둘 수 있죠.

또 가치 투자는 기본적으로 장기 투자입니다. 아침에 사서 저녁에 파는 건 가치 투자가 아니죠. 기업이 하루아침에 두 배 세 배 성장하지는 못하잖아요. 그래서 장기 투자를 권장하는데, 이 점 또한 인내심이 필요하다는 점에서 데이터 분석과 동일합니다.

저도 이제부터 가치 투자를 해봐야겠네요.

그날의 주가에 일희일비하지 않고요.

세 줄 정리

- 데이터 분석에 근거한 주식 투자 분석 방법으로는 기술적 분석과 기본적 분석이 있다.

- 퀀트는 정량적인 데이터 분석과 인공지능 알고리즘을 결합한 금융투자 기법이다.

- 인공지능 알고리즘에 근거한 로보 어드바이저는 시장수익률보다 약간 높은 수익률을 내는 것을 목적으로 하며, 펀드 운용 수수료를 절감할 수 있다.

20

데이터 분석가는 무슨 소프트웨어를 쓰나요?

이번 질문은 소프트웨어에 관한 겁니다. 데이터 분석가는 뭔가 특별한 소프트웨어를 쓸 것 같은데요. 어떻게 보면 엑셀로도 충분하지 않나 싶기도 합니다.

　엑셀은 본래 데이터를 정리하고 저장하는 용도의 스프레드시트이지만, 데이터 분석으로도 매우 우수한 성능을 가지고 있습니다. 데이터 분석을 직업으로 하지 않는 일반인이라면 엑셀만 가지고도 충분히 데이터 분석을 할 수 있어요. 엑셀에 내장된 함수를 사용하면 웬만한 데이터 분석이 모두 가능합니다.

　만약 데이터 분석가용 전문 소프트웨어를 찾는다면 오픈소스와 상용 소프트웨어가 있어요. 오픈소스 소프트웨어로는 파이썬과 R이 있고요, 상용 소프트웨어로는 SAS, SPSS, STATA, MATLAB 등이 있어요. 사실 소프트웨어는 기본적으로 프로그래밍 언어를 기반으로 합니다. 차이점이라면 오픈소스 소프트웨어인 파이썬과 R은 프로그래밍 언어 그 자체라서 직접 프로그래밍을 해야 하고요.

상용 소프트웨어는 코딩을 쉽게 하거나, 코딩을 하지 않고 메뉴를 선택하는 방식으로 데이터 분석을 할 수 있게 해놓은 제품이라고 보면 됩니다. 분석 결과도 보기 좋게 나오고요. 우리가 사용하는 마이크로소프트 엑셀, 아래아한글과 같은 것이 상용 패키지 소프트웨어입니다.

그럼 어떤 소프트웨어가 좋은가요?

우선 어떤 소프트웨어가 좋은지 말하기 전에, 소프트웨어의 종류는 크게 중요하지 않다는 걸 강조하고 싶어요. 중요한 것은 '풀어야 할 문제를 어떻게 정의하는가'와 '문제를 어떤 방법론을 사용하여 푸는가'입니다. 또 데이터 분석 결과를 어떻게 해석하고, 현실에 어떻게 적용할지 고민하는 것이 중요하죠. 어떤 소프트웨어를 써야 하는지는 부차적인 문제예요.

예를 들어 파이썬 프로그래밍을 하다가 막히면 인터넷을 검색해보세요. 아니면 유튜브를 찾아봐도 좋습니다. 검색을 하면 파이썬 강좌가 엄청나게 많이 나옵니다. 오만 가지 문제를 해결해놓은 블로그도 많고요. 시중에 좋은 책도 많이 나와 있어요. R도 마찬가지예요. SAS나

SPSS, MATLAB도 마찬가지입니다.

그런데 내가 본부장이 지시한 문제를 회귀로 풀어야 하는지 분류로 풀어야 하는지는 인터넷을 아무리 뒤져도 안 나옵니다. 책을 찾아봐도 없어요. 왜냐하면 그건 현업의 문제고 응용의 영역이기 때문이죠. 그래서 실전의 문제를 유형화하고 방법론을 익히는 것이 먼저입니다. 소프트웨어는 그다음이죠.

게다가 파이썬으로 하든, R로 하든, SAS로 하든, SPSS로 하든, 데이터 분석 결과는 똑같이 나옵니다. 아무 소프트웨어라도 하나만 잘 다루면 나머지는 금방 배울 수 있고요. 다 비슷해요. 영어를 잘하는 사람이 비슷한 기원을 가진 프랑스어, 독일어를 쉽게 배우는 것과 같습니다.

하나를 먼저 배우려고 한다면 어떤 걸 배우면 좋을까요?

하나만 추천하라면 파이썬을 추천합니다. 파이썬은 데이터 분석뿐 아니라 프로그램 개발에도 많이 쓰이니까요. 다른 소프트웨어가 대부분 데이터 분석 전용 언어인 반면 파이썬은 프로그램 개발용으로도 많이 사용됩니다. 자바JAVA나 C처럼요.

파이썬을 배우면 데이터 분석과 프로그램 개발, 두 가지 용도로 사용할 수 있어요. '꿩 먹고 알 먹고'가 되는 거죠. 이러한 이유 때문에 파이썬이 현재 데이터 분석 소프트웨어로 가장 부각되고 있습니다.

R이나 SAS는요?

‒ R도 매우 우수한 데이터 분석 소프트웨어입니다. 다만 파이썬과 달리 R은 데이터 분석을 주목적으로 사용해요. 통계학자들이 만든 언어거든요. 파이썬이 선풍적인 인기를 끌기 전에는 R이 대세였습니다. 지금도 대학에서는 R을 많이 가르치죠

‒ 그 밖에 상용 소프트웨어 가운데서는 전통적으로 SAS가 제일 유명합니다. SAS는 지난 수십 년간 안정성과 활용성 측면에서 세계 1위 자리를 굳건히 지키고 있죠. SAS는 'Statistical Analysis System'의 약자예요. 말 그대로 통계 분석 시스템이죠. 회사 자체가 통계 분석 소프트웨어를 만들기 위해 설립되었어요. SAS가 1976년에 처음 만들어졌으니까 엄청 오래됐죠. 워낙 성능이 좋고, 신뢰성이 높은 소프트웨어이기 때문에 전통적인 대기업들이 대부분 SAS를 써왔다고 보면 됩니다. 《포천》지 선정 500대 기업 가운데 490개 이상이 쓸 정도이니 그 명성은 미루어 짐작할 수 있을 겁니다.

SPSS는요? 가격이 싸서 많이들 쓰잖아요.

‒ SPSS는 'Statistical Package for the Social Sciences'의 약자입니다. 사회과학을 위한 통계 패키지라는 뜻이죠. 사회과학에서 논문을 쓰려면 정량적 데이터 분석이 필수인데요, 그렇다고 해서 모든 문과생들이 코딩을 배울 필요는 없잖아요? 그래서 데이터 분석 전공이 아닌 사람

이 쉽게 사회과학 논문을 쓸 수 있도록 만든 오픈소스 소프트웨어가 SPSS입니다. 약 10년 전 IBM에 인수됐어요.

사실 이게 우리가 오픈소스 소프트웨어를 쓰는 이유인데요. 대기업의 데이터분석팀 정도가 아니면 상용 소프트웨어를 마음껏 쓸 수 없어요. SAS만 해도 기업용인 '엔터프라이즈 마이너Enterprise Miner'나 '엔터프라이즈 가이드Enterprise Guide'를 쓰려면 수천만 원이 들어요. 물론 사용자 단위나 CPU 단위, 데이터 단위 등 다양한 방식으로 판매하니까 가격은 더 비쌀 수도 있고 더 쌀 수도 있죠. 물론 SPSS도 기업용인 'SPSS 모델러SPSS Modeler'의 가격은 매우 비쌉니다.

또 어떤 소프트웨어가 있나요?

STATA는 사회과학에서 많이 쓰이는데요. 단점은 코딩 기반이라는 점입니다. 장점은 수십만 원으로 사용이 가능하다는 점입니다. 그런데 최근에는 오픈소스 소프트웨어의 성능이 좋아지면서 활용도가 점점 감소하는 추세예요.

MATLAB은 매스웍스MathWorks에서 만든 공학용 소프트웨어입니다. 회사 이름에서 알 수 있듯이 수학을 기반으로 만들어졌죠. 그래서 MATLAB은 수치 해석 등을 요하는 공학계열에서 많이 씁니다. 시뮬레이션 같은 것도 하고요. 데이터 분석이 가능하지만, 데이터 분석이 주목적은 아닙니다.

그럼 저는 뭘 사용하면 좋을까요?

데이터 분석의 활용도에 따라 다릅니다. 만약 데이터 분석이 주 업무가 아니라면 엑셀을 권장합니다. 가장 큰 이유는 오피스 프로그램이 없는 기업은 거의 없기 때문에 별도의 비용 없이 사용할 수 있다는 점이고요. 그다음으로는 엑셀이 많은 사람에게 이미 익숙한 소프트웨어이기 때문입니다. 기존의 사용법에 데이터 분석과 관련한 함수와 시각화 기능만 익히면 웬만한 데이터 분석이 모두 가능합니다.

만약 데이터 분석 업무 비중이 높다면 파이썬을 배우는 것을 권장합니다. 아까 얘기했듯이 파이썬은 데이터 분석 외에도 프로그램 개발을 위해 많이 사용되니 다용도로 활용할 수 있죠. 여기에 하나를 더배운다면 SAS까지 하면 아주 좋겠죠?

파이썬을 배우는 데는 얼마나 걸려요?

파이썬을 초급 정도 배우려면 풀타임으로 한두 달이면 되고요. 하루에 한두 시간씩 공부한다면 6개월 정도 걸립니다.

골프 교습이랑 비슷하네요. 파이썬 책 하나 사서 공부해볼게요.

세 줄 정리

- 데이터 분석 소프트웨어는 오픈소스와 상용이 있다.

- 상용 소프트웨어 중에서는 SAS가 전통적인 대기업에서 많이 쓰이고, 최근에는 오픈소스 소프트웨어 중 파이썬이 데이터 분석과 프로그래밍 용도로 두루 쓸 수 있어 인기가 많다.

- 소프트웨어 사용법보다 더 중요한 것은 현상을 데이터 분석 프레임워크에 맞추어 해석하는 능력과 적절한 데이터 분석 방법론을 선택하는 능력이다. 이와 더불어 데이터 분석 결과를 해석하여 현실의 의사결정에 활용하는 능력이 중요하다.

21

설문을 잘하려면 문항을
어떻게 만들어야 할까요?

이번에는 설문에 관한 질문인데요. 어찌 보면 되게 기초적이라

묻기 부끄럽네요. 설문을 잘하려면 문항을 어떻게 만들어야 하는지에

관한 겁니다. 마침 제가 설문을 가져왔어요. 이건 우리 연구소에서

카메라 신제품을 만들기에 앞서 시장 조사차 작성한 거예요.

제가 볼 때는 딱히 잘못한 건 없는 것 같아요. 그래도 혹시 모르니까

황보 교수가 한번 봐주세요.

음… 설문 항목이 꽤 많네요. 어디 한번 볼까요? 설문의 내용이나 문
구, 맞춤법이나 논리 같은 것은 김 팀장이 더 잘 알 테니 그건 빼고, 데
이터 분석 관점에서만 말씀드릴게요. 우선 간단한 것부터 얘기해보

죠. 여기 이 설문을 봅시다.

> 스마트폰의 카메라를 일주일에 얼마나 자주 사용하시나요?
>
> 1. 거의 사용하지 않음
>
> 2. 가끔 사용함
>
> 3. 자주 사용함
>
> 4. 거의 매일 사용함

제가 김 팀장에게 여쭤볼게요. 김 팀장님은 일주일에 스마트폰 카메라를 얼마나 자주 사용하시나요?

저요? 가끔 사용한다고 볼 수 있죠.

가끔 사용한다는 것이 정확히 일주일에 몇 번을 말하는 건가요?

글쎄요, 일주일에 한두 번?

일주일에 한두 번이 가끔인 거군요. 그럼 자주 사용한다면 일주일에 몇 번인가요?

자주 사용한다면 일주일에 네 번은 써야 하지 않을까요?

그럼 다른 사람도 김 팀장처럼 가끔을 한두 번으로, 자주를 네 번으로 생각할까요?

안 그럴 수도 있겠네요.

그렇죠. 데이터 관점에서 보면 '가끔'이나 '자주'는 그 빈도를 정확히 설명하지 못해요. 일주일에 몇 번 사용해야 가끔인지 자주인지 거의 인지 명확하지 않죠. 게다가 수치 데이터를 확보할 수 없어서 기초적인 데이터 분석을 하기도 어렵습니다. 데이터 관점에서는 설문을 할 때 숫자로 정확히 물어봐야 합니다. 예를 들면 다음과 같이 질문해야 해요.

스마트폰의 카메라를 일주일에 평균 몇 번 사용하시나요?

1. 일주일에 1회 미만
2. 일주일에 1회
3. 일주일에 2회
4. 일주일에 3회
5. 일주일에 4회
6. 일주일에 5회
7. 일주일에 6회 이상

그렇군요. 거의, 가끔, 자주, 조금, 어느 정도, 얼마나… 하는 것은
데이터 관점에서 보면 애매한 용어군요. 정확한 숫자를 알고 싶으면
정확하게 숫자로 질문해야 하겠네요. 그런데 이렇게 하면 보기가 너무
많아져서 설문에 응답하기 힘들 것 같아요. 예를 들어 일주일이 아니라
한 달을 기준을 하면 보기만 서른 개가 넘잖아요.

　　그때는 구역을 나누어 질문하면 되겠죠. 한 달에 5회 이하, 6~10회,
　　11~15회… 하는 식으로요.

적절히 나눠주면 되겠네요. 잘 알겠습니다. 또 다른 것도 얘기해주세요.

　　여기 이 문항도 한번 보죠. 김 팀장이 볼 때 이 문항에서는 뭐가 이상
　　한가요?

다음 중 카메라를 살 때 이용한 적 있는 온라인 쇼핑몰을 모두 선택해주세요.

1.　쿠팡　　　　　　　2.　인터파크

3.　네이버쇼핑　　　　4.　위메프

5.　옥션　　　　　　　6.　기타(　　　　　　　)

음… 보기를 좀 더 줘야 하지 않을까요?

그건 설문 목적에 따라 결정해야 할 사항이겠죠. 그것 말고 데이터 관점에서 다시 생각해보시죠. 쇼핑몰을 하나 선택하면 숫자로 1이 되겠죠. 쇼핑몰을 2개 선택하면 숫자로 2가 되겠고요. 그럼 이 문항에서 빠진 숫자는 뭐죠?

앗, 0이네요. 전자제품을 살 때 온라인 쇼핑몰을 한 번도 이용하지 않은 고객이 있을 수 있잖아요.

맞습니다. 그래서 카메라를 살 때 온라인 쇼핑몰을 이용한 적 없다는 보기를 넣어줘야 합니다. 안 그러면 온라인 쇼핑몰을 이용한 적 없는 고객이 대충 아무 쇼핑몰이나 선택하니까요.

다음 중 카메라를 살 때 이용한 적 있는 온라인 쇼핑몰을 모두 선택해주세요.

1. 이용한 적 없음   2. 쿠팡

3. 인터파크   4. 네이버쇼핑

5. 위메프   6. 옥션

7. 기타(   )

앞으로 뭔가 선택하는 문항에서는 선택하지 않는다는 보기를
넣어야겠군요. 설문이 예상보다 꽤 많이 잘못돼 있네요.
또 계속 짚어주세요.

이 문항도 보죠. 이 문항의 질문은 굉장히 조작적입니다. 질문자의 의
도가 그대로 드러나 있어요. 딱 봐도 오프라인 매장이 좋으니까 오프
라인 매장을 찍어달라는 말이잖아요.

> 온라인 쇼핑몰에서 판매하는 카메라는 가격은 싸지만 품질이나 배송, A/S 문
> 제가 심각하고, 사기를 당할 수도 있습니다. 반면 오프라인 매장은 온라인 쇼
> 핑몰에 비해 가격 차이가 거의 없으면서 품질이 우수하고 배송이나 A/S를 확
> 실히 보장합니다. 카메라를 구매할 때 오프라인 매장과 온라인 쇼핑몰 중 어
> 느 곳을 더 선호하십니까?
>
> 1. 오프라인 매장
> 2. 온라인 쇼핑몰

보통 선거철에 여론조사를 할 때 특정 후보의 의뢰를 받거나 특정 진
영에서 설문하면 이런 식으로 특정 답변을 유도하기도 합니다. 이 설
문도 아마 온라인 쇼핑몰과 오프라인 매장의 특성을 얘기하려고 했던
것 같아요. 그렇다면 이렇게 바꿔야겠죠.

카메라를 구매할 때 오프라인 매장과 온라인 쇼핑몰 중 어느 곳을 더 선호하십니까?

1. 오프라인 매장

2. 온라인 쇼핑몰

다음 중 온라인 쇼핑몰의 가장 큰 장점은 무엇이라고 생각하십니까?

1. 없음

2. 가격

3. 품질

4. 배송

5. A/S

6. 기타(   )

다음 중 오프라인 매장의 가장 큰 장점은 무엇이라고 생각하십니까?

1. 없음

2. 가격

3. 품질

4. 배송

5. A/S

6. 기타(   )

온라인에서 설문할 때는 보기 옵션 순서를 무작위로 섞을 수 있다.

그렇군요. 제가 보기에는 좀 더 친절하게 설명하려고 했던 것 같은데, 결과를 왜곡할 수 있네요. 참, 보기 순서는 어떤가요? 순서에 따라 영향을 줄 수도 있겠어요.

보기 순서가 결과에 영향을 안 준다고 말할 수는 없겠죠. 그래서 요즘 온라인에서 설문할 때는 보기를 무작위로 정렬하는 기능이 있습니다. 예를 들어 구글 설문지는 추가 기능에 **옵션 순서 무작위로 섞기** 기능이 있어요. 이걸 선택하면 설문 응답 시 옵션, 즉 보기를 무작위로 보여줍니다.

확실히 오프라인 설문보다 온라인 설문이 편하고 좋네요.
이번에 우리 부서에서 설문조사를 할 때 온라인 설문으로 하는 것도
한번 고려해봐야겠어요. 또 어떤 게 있을까요? 뭐, 빠진 거라든지….

나머지 문항은 그다지 잘못된 것이 없는데요. 중요한 것이 빠졌네요.
기본적인 인구통계학적 조사 문항이요. 나이나 성별, 거주 지역, 소득
수준 등을 물어야 합니다. 이런 것이 있어야 나중에 결과를 분석해서
의사결정에 활용하기 용이하죠.

아, 그런 게 중요한가요? 나이나 성별 같은 것이요?

네, 이번처럼 고객 대상으로 설문할 때는 필요합니다. 그리고 잘된 설
문은 표본이 전체를 대표해야 합니다. 사실 우리가 돈과 시간이 충분
하면 모든 고객을 대상으로 설문을 진행할 수 있지만, 현실적으로는
어렵잖아요. 그래서 샘플, 즉 표본을 뽑는 겁니다. 그러면 당연히 표
본이 전체를 대표해야겠죠. 그런데 표본이 전체를 대표하는지 어떻
게 알 수 있을까요? 예를 들어 고객의 나이를 보니까 40~50대보다
20~30대가 설문에 더 많이 응답했다고 해보죠. 그런데 우리의 고객
이 대부분 40~50대라면요? 그러면 설문 결과가 전체 고객을 대표할
수 없겠죠.

그렇겠네요. 사실 저희가 관리하는 매장에는 중년 고객이 많고
매출 비중도 70~80% 정도 됩니다. 그런데 또 막상 설문을 하려고 하면
이분들은 잘 안 해주세요. 오히려 20대 고객이 설문 응답을 잘해주죠.
설문조사에 응하면 선물로 예쁜 휴대폰 액세서리를 줬거든요.

그게 설문조사의 한계이자 문제점입니다. 설문 응답자가 정말 우리 고객 구성과 같은지를 확인해야 하는데, 그걸 안 하고 설문을 실시하니 설문조사 결과를 신뢰할 수 없게 되죠. 그러니 데이터 분석에 대한 의심이 늘고, 데이터를 안 보려고 하고….

온라인 설문도 그래요. 실제로 실무에서 담당자가 온라인에서 설문할 때 보통 주변 지인에게 설문에 응답해달라고 하거든요. 응답자 수를 채우려고요. 응답하는 사람은 결국 설문 담당자와 비슷한 유형의 사람인 경우가 많아요.

표본 추출이 완전히 잘못된 거군요.

그렇죠. 그래서 우리 고객 구성과 유사한 설문 응답을 받기 위해 인구통계에 관한 질문을 넣는 겁니다. 그렇다고 이것저것 다 질문할 수는 없고요. 우리가 경험해보니 가족 수나 자동차 보유 여부, 주택 유형 같은 것은 상관없다 하면 이런 것은 빼도 되겠죠. 또 고객이 응답을 안 하거나 응답해도 정확하지 않을 것 같은 질문은 빼야겠죠. 소득수준이나 직장 같은 것이요.

고객이 민감하게 받아들이지 않으면서도 우리가 마케팅에 활용 가능한 질문을 해야 한다는 거군요.

네, 그래서 어쩌면 당연한 말 같지만 결국 연령, 성별, 지역 등 기본적인 인구통계학적 데이터로 표본의 대표성을 일차적으로 확인해야 합니다. 이런 걸 확인 안 하고 설문하는 것을 편의표본추출이라고 합니다. 보통 석사 학위 논문을 보면 편의표본추출이라고 많이 쓰여 있어요. 그래도 이런 설문을 학교에서 인정해주는 이유는 그만큼 설문 데이터 수집이 어렵기 때문이에요.

보통 회사에서 설문하면 다 이렇게 하잖아요.
그럼 어떻게 해야 하나요? 인구통계학적인 질문을 추가하는 것
외에 또 있을까요?

두 가지 방법이 있습니다. 첫 번째 방법은 표본의 수를 늘리는 겁니다. 요즘 온라인으로 설문을 많이 하죠. 온라인에서 설문 주소를 알려주고, 설문에 응답하면 커피 쿠폰이나 문화상품권 같은 사은품을 주겠다고 하세요. 그러면 꽤 많은 표본을 모을 수 있어요. 이 정도 투자는 해야죠. 보상이 있는 경우 응답자가 성의 있는 답변을 할 가능성이 높아집니다.

표본 수를 무작정 늘릴 수는 없잖아요. 저희 고객이 몇만 명이 넘거든요.
그럼… 몇백 명 정도로 설문을 받아야 하나요?

그 정도 하면 좋긴 하죠. 설문에서 유의한 결과가 나오려면 응답수가
최소 150개는 넘어야 합니다. 그 150개가 제대로 응답한 데이터여야
하죠. 실제로는 제대로 응답 안 하는 사람도 있고, 응답하다 중간에
그만두는 사람도 있어요. 그래서 보통 오프라인에서는 300명, 온라인
에서는 1000명 정도를 대상으로 설문을 실시하는 경우가 많아요. 물
론 고객 구성을 고려한다면 이것보다 더 많아질 수 있겠죠. 이 숫자는
참고로 알면 됩니다.

이런 것도 일반적으로 통용되는 숫자가 있군요.
첫 번째 방법이 표본의 수를 늘리는 거라면 두 번째 방법은 뭔가요?

두 번째 방법은 할당표본추출을 하는 겁니다. 예를 들어 김 팀장네 고
객을 연령대로 나눴을 때 20대가 10%, 30대가 20%, 40대가 40%,
50대가 20%, 60대 이상이 10%라고 해보죠. 그러면 이 비율을 고려
해서 설문 응답자를 찾는 거예요.

처음부터 연령별로 목표를 할당해야겠군요. 설문을 제대로 하는 게
쉬운 일은 아니네요. 지금까지는 설문을 대충했다는 생각이 들어요.

설문이 쉽지 않습니다. 데이터 수집 자체가 그래요. 흔히 데이터 분석이 중요하고 어렵다고 하는데요, 데이터 수집이 잘 안 된 상태에서 데이터 분석을 훌륭하게 해내기란 거의 불가능합니다. 데이터 분석을 많이 할수록 양질의 데이터를 수집하는 것이 얼마나 중요한지 깨닫게 됩니다.

고맙습니다. 이제 데이터 수집의 중요성이 체감됩니다.

세 줄 정리

- 설문을 만들 때 결과가 '숫자'로 명확하게 나오도록 질문한다.

- 응답자가 어떤 보기도 선택하지 못할 경우를 대비하여 보기에 '해당 없음'을 추가해야 한다.

- 설문을 할 때는 표본 수를 늘리고, 표본이 전체를 대표하도록 표본을 구성해야 한다.

22

데이터를 분석하려면
인공지능을 알아야 해요?

이번에는 이 질문을 해볼게요. 지금까지 제가 황보 교수에게 주로 통계 학습에 기반한 데이터 분석을 많이 배웠잖아요. 그런데 요즘 인공지능이 뜨고 있으니, 저도 인공지능을 새로 배워야 할까요?

요즘 어디를 가나 인공지능이 뜨거운 감자죠. 일단 인공지능이든 데이터 분석이든 크게 다르지 않다는 것을 먼저 이해해야 합니다. 우리가 2015년에 같이 일하던 때 기억나시죠?

2015년이라… 그때 저는 전략본부 기획과 마케팅을 담당했고,
황보 교수는 빅데이터분석팀을 맡았죠.

그때 가장 유행했던 키워드가 빅데이터였습니다. 그런데 지금은 그 키워드가 인공지능으로 바뀌었죠. 그러면 그 두 가지가 완전히 다른 것이냐 하면 아닙니다. 상당 부분을 공유합니다.

우선 제가 그림을 하나 보여드릴게요. 이 그림을 보면 데이터 마이닝, 통계, 머신 러닝, 인공지능, 데이터 과학, 패턴 인식 등이 중첩되어 있음을 볼 수 있어요.

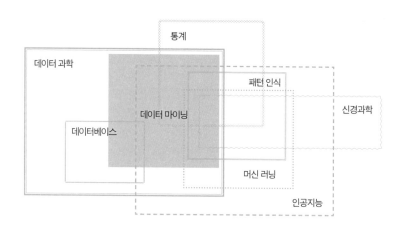

모두 데이터를 기반으로 하네요.

그렇죠. 그게 핵심입니다. 그리고 5년 전에 빅데이터 전문가라고 했

던 사람 중에 빅데이터를 전공한 사람은 한 명도 없어요. 과거에는 빅데이터라는 전공 자체가 없었기 때문이죠. 당시 빅데이터 전문가라고 불렸던 분들은 데이터 마이닝, 데이터 분석, 기계 학습, 통계학 같은 빅데이터의 기반이 되는 학문을 전공했던 분들입니다. 단지 시대의 흐름에 따라 빅데이터 전문가로 포장된 거죠

인공지능도 마찬가지예요. 지금 나이가 50대 이상인 인공지능 전문가 중에 실제 박사 과정에서 세부 전공으로 인공지능을 배운 분은 찾기 어렵습니다. 지금이야 인공지능을 배우려는 사람이 많지만, 불과 10년 전만 해도 인공지능을 배워서는 직장을 구하기가 어려웠어요. 인공지능의 인기는 2016년 알파고가 나온 다음에 생겼습니다. 그때부터 비로소 인공지능의 시대가 열렸죠. 그전에는 현실에서 활용이 어려운 순수과학 취급을 받았습니다. 지금 인공지능 전문가라고 얘기하는 분들 중 상당수는 다른 학문을 전공한 분들이에요.

그럼 순수하게 인공지능만을 연구한 분들을 찾기는 어렵다는 거네요.

그렇죠. 나이가 있는 분들 중 인공지능 전문가라고 불리는 분들은⋯ 상당수는 좋게 말하면 트렌드를 잘 좇은, 현명한 분들이죠. 물론 어려운 시기에도 꾸준히 인공지능만 연구하신 대단한 분들도 있습니다.

그럼 인공지능이 정확히 뭔가요? 데이터 분석과 뭐가 다르죠?

일반적으로 학계에서는 인공지능을 크게 두 가지로 나눠서 봐요. 첫째는 연결주의 인공지능Connectionist AI입니다. 여기서 인공지능이란 사람의 뇌 신경구조를 모방해서 만든 모델을 의미합니다. 이 분야를 기계 학습, 즉 머신 러닝이라고 부릅니다.

머신 러닝 중에서 고전적인 모델이 인공신경망Artificial Neural Network; ANN입니다. 인공신경망이라고 하면 왠지 최첨단 기술처럼 들리지만 실제로는 기계 학습의 가장 기본이 되는 고전 모형입니다. 인공신경망에서 발전된 것이 딥 러닝Deep Learning이죠.

그렇다면 딥 러닝은 인공신경망이 발전한 형태이고, 인공신경망은
머신 러닝의 한 종류고, 머신 러닝은 인공지능의 한 종류라는 거네요?

그렇죠. 그래서 다음 그림처럼 표현하곤 합니다. 1950년대 처음 등장한 인공지능은 1980년대 들어 머신 러닝으로 발전하기 시작했고, 2010년 이후 딥 러닝의 시대에 접어들면서 황금기를 맞이합니다. 요즘 흔히 얘기하는 인공지능이 바로 딥 러닝입니다.

또 다른 인공지능은요?

둘째는 상징주의 인공지능Symbolic AI입니다. 상징주의에서는 지식을 상

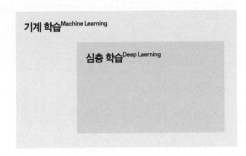

징, 또는 상징 간의 관계인 논리로 표현합니다. 논리 중에 대표적인 것이 추론이죠. 통계 학습이나 퍼지 이론^{Fuzzy Theory} 등이 여기에 해당합니다.

그럼 우리가 배웠던 통계 학습 기반의 데이터 분석도 결국 인공지능이란 말씀인가요?

그렇죠. 통계 학습 또한 인공지능의 일종입니다. 이를 종합하여 정리하면 다음 표와 같아요.

기계 학습/통계 학습	분류	종속변수	독립변수	대표 방법론
지도 학습 (Supervised Learning)	회귀 (Regression)	수치형	범주형	• t-검정(t-test)
			범주형	• 분산 분석(Analysis of Variance: ANOVA)
			수치형	• 상관 분석(Correlation Analysis)
			수치형/범주형	• 회귀 분석(Regression Analysis)
	분류 (Classification)	범주형	범주형	• 카이제곱 검정(Chi-Square Test)
			수치형/범주형	• 로지스틱 회귀(Logistic Regression)
				• 판별 분석(Discriminant Analysis)
				• 나이브 베이즈(Naïve Bayes)
	회귀/분류	수치형/범주형	수치형/범주형	• 최근접 이웃(Nearest Neighbors)
				• 서포트 벡터 머신(Support Vector Machine: SVM)
				• 나무 기반 모형(Tree Based Model)
				• 인공신경망(Artificial Neural Network: ANN)
				• 심층신경망(Deep Neural Network)
비지도 학습 (Unsupervised Learning)	그룹화 (Grouping)	없음		• 군집 분석(Clustering Analysis)
				• 연관 규칙(Association Rule: AR)
	차원 축소 (Dimension Reduction)		수치형/범주형	• 모형 선택(Model Selection)과 정규화(Regularization)
				• 주성분 분석(Principal Component Analysis: PCA)
				• 요인 분석(Factor Analysis: FA)
				• 행렬 분해(Matrix Factorization: MF)
				• 다차원 척도법(Multidimensional Scaling: MDS)
	그룹화/차원 축소			• 자기 조직화 지도(Self Organizing Map: SOM)

Q&A │ 팀장들의 궁금증을 풀어주다

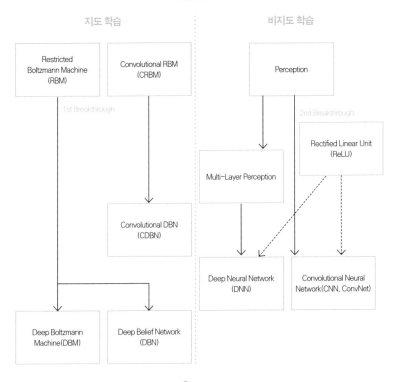

출처: 김인중(2016), "Deep Learning Architectures and Learning Algorithms"

헉, 이것이 바로 AI의 역습인가요?

하하하. 그런데 보통 인공지능에서는 알고리즘이란 말을 많이 쓰잖아요.

그럼 여기서 분석 방법론이 곧 알고리즘인가요?

분석 방법론은 과정이 되는 알고리즘과 결과가 되는 모델을 합친 것이라고 보면 됩니다. 여기서 모델이란 피어슨 상관계수를 구하는 공식이나 회귀식 같이 결과물을 나타내는 공식 같은 겁니다. 이런 모델을 만드는 과정이 알고리즘이에요. 그래서 알고리즘을 바로 분석 방법론이라고 부르기도 합니다.

그럼 인공지능 알고리즘에는 어떤 것이 있나요?

인공지능 알고리즘은 통계 학습과 같은 방식으로 지도 학습과 비지도 학습으로 나눌 수 있어요. 종속변수가 있는지에 따른 구분이죠. 그리고 히든 레이어 Hidden Layer의 개수에 따라 표층 학습 Shallow Learning과 심층 학습 Deep Learning 으로 구분할 수 있습니다.

히든 레이어라고 하면 은닉층이라고 하면 될까요?

역시 국문과 나온 김 팀장답습니다. 보통 히든 레이어, 즉 은닉층이 두 개 이상이면 딥 러닝이라고 해요. 요즘 많이 사용하는 딥 러닝 알고리즘은 히든 레이어가 10개가 넘는 경우도 많습니다. 예를 들어 다음 그림을 보죠. 다음 그림을 보면 히든 레이어가 3개 보이죠? 이렇게 히든 레이어가 3개만 되어도 사람은 이해할 수 없을 정도로 복잡합니다.

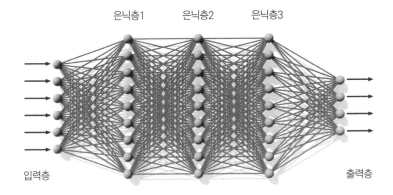

은닉층1　　은닉층2　　은닉층3

입력층　　　　　　　　　　　　　　　　　　　출력층

시럽을 올린 쿠키 사진과 고양이 얼굴 사진을 구별하는 딥 러닝도 있는데요, 마이크로소프트가 이 둘을 구별하려고 레이어가 무려 152개나 되는 딥 러닝 알고리즘을 사용했어요.

그럼 레이어를 많이 쓸수록 더 좋은 알고리즘인가요?

그건 아닙니다. 레이어가 많아지면 계산해야 할 것이 기하급수적으로 늘어나요. 그러면 고가의 IT 장비가 필요하고, 분석 시간도 오래 걸리겠죠. 그래서 레이어를 적당히 쌓고 거기에 여러 기법을 가미해요.

요즘 온라인 세미나를 들어보면 CNN 알고리즘이 중요하다고 얘기하더라고요.

CNN은 이미지 처리를 위해 가장 많이 사용되는 인공지능 알고리즘입니다. 합성곱 신경망Convolutional Neural Network이라고 번역하는데요. 개와 고양이를 구별하거나, 사람을 인식하는 데 많이 사용합니다. 요즘 스마트폰으로 사진을 찍으면 사람 얼굴을 식별해서 이름을 붙일 수 있죠? 거기에 사용되는 알고리즘이 바로 CNN 알고리즘입니다.

저도 몇 년 전에 회사 다닐 때 장난삼아 CNN으로 상사 탐지기를 만들었어요. 카메라로 상사 얼굴을 찍어서 CNN 알고리즘으로 훈련시킵니다. 그러면 상사가 제 자리 근처로 올 때 카메라가 상사를 인식해서 제 PC 화면을 업무 화면으로 자동 전환하는 거죠. 상사 몰래 딴짓할 때 아주 유용합니다.

하하하. 재밌네요. 그럼 사진은 한 장만 찍으면 되나요?

아니죠. 사진이 곧 데이터이기 때문에 될 수 있는 대로 많이 찍어야 성능이 좋아집니다. 처음에 시험 삼아 300장 정도 사진을 찍어 CNN 알고리즘으로 학습시켰더니 제대로 작동이 안 되더라고요. 이후 다양한 각도와 포즈 사진을 2000장 정도 넣으니 그제야 제대로 작동했어요.

사실 딥 러닝에서 핵심은 알고리즘의 종류와 더불어 데이터의 양입니다. 요즘에는 좋은 알고리즘이 많이 나와서 알고리즘마다 성능 차이가 그렇게 크지 않아요. 따라서 어떤 알고리즘을 선택해야 하는가보다 양질의 데이터를 많이 수집하는 게 중요하죠.

그리고 그 데이터를 잘 가공해야 해요. 예를 들어 상사 사진을 찍어서 훈련시킬 때 상사 사진에서 배경을 잘 제거해야 해요. 이런 건 오픈소스로 많이 나오니까 누구나 쉽게 할 수 있습니다.

그럼 저도 지금 당장 인공지능 알고리즘을 만들 수 있나요?

네, 가능하죠. 데이터 분석을 몰라도 당장 해볼 수 있는 소스가 많습니다. 구글에서 만든 웹사이트 '티처블 머신'에 들어가면 여러 알고리즘이 적용된 인공지능을 간단히 만들 수 있어요.

티처블 머신 주소는 teachablemachine.withgoogle.com입니다.

흥미로운데요. 저도 한번 해봐야겠어요. 고맙습니다.

덕분에 인공지능이 더 이상 두렵지 않네요.

세 줄 정리

- 빅데이터, 인공지능, 통계 학습, 기계 학습은 모두 데이터를 다루는 것이 핵심이기 때문에 많은 공통점을 가지고 있다.

- 인공지능 안에 기계 학습이 있고, 그 안에 딥 러닝이 있다.

- 딥 러닝을 활용하여 좋은 결과를 얻기 위해서는 좋은 알고리즘을 선택하는 것도 중요하지만, 양질의 데이터를 많이 확보하는 것이 가장 중요하다.

23

인공지능이 괜찮은 신입사원을
채용해주나요?

이번에는 인공지능 채용에 대해 여쭤볼게요.

사실 우리는 신입사원을 직접 뽑을 일이 없어요. 어차피 그룹에서 공채로

뽑아서 넘겨주니까요. 물론 가끔 서류 전형을 하거나 면접관으로

참여할 때는 있지만요. 그런데 인공지능 채용이 사람보다 나을지는 잘

모르겠어요. 그래도 인공지능 채용이 요즘 대세라던데, 진짜 좋아요?

인공지능 면접이 좋을까 안 좋을까, 이걸 말하기 전에 제가 질문을 해

볼게요. 김 팀장이 취업준비생이라면 사람이 면접관인 경우가 좋아

요, 아니면 인공지능 면접관이 좋아요?

글쎄요. 전 딱히 상관없어요. 사람이나 인공지능이나 어차피 제가
할 일은 아니니까요.

그럼 인공지능 채용으로 덕을 보는 사람은 누구일까요?

글쎄요? 인공지능 채용 시스템을 파는 사람? 하하하.

인공지능 채용 시스템을 파는 사람이 돈을 벌려면 그 시스템을 필요
로 하는 사람이 있어야 하잖아요.

그렇다면 신입사원을 채용하는 인사팀이겠군요?

맞습니다. 현재 인공지능 채용 시스템을 가장 원하는 부서는 인사팀입
니다. 왜 그런지 알려면 인사팀이 신입사원 공채 시즌에 어떻게 일하는
지를 알아야 합니다. 아시다시피 신입사원 채용 공고를 내면 대기업에
서는 경쟁률이 수백 대 일, 많게는 수천 대 일에 달합니다. 100명 뽑는
데 수만 명, 수십만 명이 지원한다는 뜻이죠. 이 많은 사람의 서류를
보고 객관적으로 골라내서 면접을 보게 하는 일이 엄청난 수작업이에
요. 인사팀 전원이 달라붙어서 몇 주를 처리해도 모자라서 아르바이
트를 쓰거나 현업 부서에 도와달라고 할 정도죠.

인공지능 채용이 인사팀의 수작업을 줄여주는군요?

　　그렇죠. 우선 서류 전형을 보죠. 입사 서류 하나 보는 데에 시간이 얼마나 걸릴까요?

보통 자기소개서가 2장 정도 되니까 대강 5분 정도는 보지 않을까요?

　　지원서 하나 보는 데 5분 걸린다고 해보죠. 지원자가 만 명이라면 총 5만 분이 걸리겠네요. 60으로 나누면 833시간, 하루에 8시간 동안 지원서를 본다면 104일이 걸리네요. 인사팀원 10명이 붙어서 열흘 동안 꼬박 자기소개서만 봐야 하죠.

생각 외로 수고가 많이 드네요? 인공지능 채용 시스템은
이런 서류 전형을 자동으로 하겠네요?

　　인공지능은 지원서 한 장 확인하는 데 1초도 안 걸립니다. 지원자가 만 명이면 만 초고요. 60초로 나누면 166분, 60분으로 나누면 2.7시간이죠. 아침에 인공지능 채용 알고리즘을 돌려놓으면 점심 먹기 전에 다 되어 있는 거죠.

인사팀장이 좋아할 만하네요.

단순히 일이 줄어든다는 것도 있지만 인사팀장이 정말 좋아하는 이유는 또 있어요. 명분과 면피입니다.

인공지능 채용이 인사팀장에게 명분과 면피를 준다고요?

채용이란 것이 어찌 보면 한 사람의 운명을 가르는 일이잖아요. 그래서 어떤 사람을 왜 뽑았는지, 어떤 사람을 왜 탈락시켰는지 명분이 있어야 해요.

전에는 대학 서열을 기준으로 서류 전형을 하곤 했지만, 이제는 그렇게 할 수도 없고 해서도 안 되잖아요. 설령 그렇게 했다고 하더라도 외부에는 그렇게 했다고 말할 수 없죠. 그런데 인공지능이 전형을 했다고 하면 사실 명분도 생기고 면피도 할 수 있죠.

게다가 채용 청탁 같은 비리를 방지하기에도 좋아요. 사람의 개입이 최소화되니까요. 어디서 청탁이 들어오더라도 인사팀장이 "인공지능 채용 시스템이 결정하는 거라 제가 뭘 어찌할 수가 없어요"라고 말하면 끝입니다. 청탁을 한 사람도 뭐라 대꾸할 수 없죠.

이래저래 인사팀장이 혹할 만하군요. 그럼 인공지능이 구체적으로 어떻게 지원자를 추리나요?

과거에는 많은 기업이 룰 베이스로 서류 전형을 했어요. 룰 베이스란 일정한 규칙을 정해놓고 그 규칙에 포함되지 않으면 탈락시키는 것을 말해요. 예를 들어 대학 서열을 정해놓고 20위권 밖 대학을 졸업한 지원자를 탈락시켜요. 실제로 과거에는 이렇게들 많이 했죠. 나이도 마찬가지예요. 남자는 28세, 여자는 26세로 정하고 그 이상은 다 탈락시켰던 때가 있었죠. 영어 점수도 마찬가지고요. 그런데 요즘은 이렇게 하면 큰일나잖아요. 공공기관은 블라인드 채용이 의무화되었고요. 그래서 이런 경우는 특별한 결격 사유만 확인합니다. 예를 들어 어떤 업무에 어떤 자격증이 필수인데 그 자격증이 없다거나 하면 이런 것을 인공지능 채용 시스템이 자동으로 걸러내는 거죠.

인공지능 채용 시스템이 현재 가장 효과를 발휘하는 것은 자기소개서를 분석해서 회사의 인재상에 맞는 사람인지 찾는 겁니다. 예를 들어 회사가 중요시하는 인재의 특성이 성실, 창의, 도전, 열정, 혁신이라고 해보죠. 그러면 인공지능이 지원자의 자기소개서에서 이런 키워드가 얼마나 나오는지를 찾아요. 해당 키워드가 많이 나오면 우리 회사 인재상에 가까운 사람이라고 보는 거죠.

성실과 비슷한 단어도 있잖아요. 부지런하다거나 근면하다거나 인내가 있다거나….

그런 것은 유의어 사전을 만들어서 키워드로 묶어봐요. 물론 제대로 하려면 형태소 분석도 하고, 유의어 사전도 꼼꼼하게 만들어야 합니다. 그래서 이런 경우에는 상용 소프트웨어를 쓰거나 전문 업체의 컨설팅을 받곤 하죠.

키워드마다 중요성이 다를 텐데요.

그럼 키워드마다 가중치도 부여하나요?

물론이죠. 예를 들어 성실, 책임, 협력을 키워드로 했을 때 성실에 2를, 책임에 1.5를, 협력에 1을 곱할 수 있겠죠. 이렇게 해서 지원자별로 점수를 내고 정렬해서 상위 몇 명을 뽑을 수 있습니다.

어떤 지원자는 자기소개서를 10줄 쓰고, 어떤 지원자는 100줄 썼어요.

많이 쓴 사람이 키워드 빈도가 높을 텐데요. 이 문제는 어떻게

해결하나요?

그냥 놔둡니다.

네?

하하하. 자기소개서를 많이 쓴 사람이 성의가 있겠죠. 실제로 아르바이트 뽑을 때, 자기소개서를 조금이라도 많이 쓴 사람을 뽑곤 하잖아요. 보통 기업의 자기소개서는 어느 정도 분량 범위가 있잖아요. 그래서 단순 빈도로 할 수 있고요. 아니면 전체 단어 중 해당 키워드의 비중을 감안할 수도 있죠. 이건 인사팀이 판단하기 나름입니다.

자기소개서 내용으로 성격이나 적성 같은 것을 알 수도 있나요?

자기소개서는 보통 자기 장점이나 강점만 내세우기 때문에 자기소개서만 가지고 지원자의 성격을 정확히 판단하기는 어렵습니다. 따로 설문을 하거나 테스트를 하는 것이 더 정확합니다.

지금까지는 서류 전형인데요. 면접은 어떤가요? 인공지능 면접은 관상을 보는 거랑 다를 게 없다고도 하던데요?

현재 인공지능 면접은 관상학과 유사합니다. 그런데 서류 전형도 그렇고 면접 전형도 그렇고, 중요한 것은 인공지능의 문제가 아니라 참고할 데이터가 없다는 것입니다.

참고할 데이터가 없다고요?

회사는 성과를 잘 낼 사람을 채용하려고 하겠죠. 그런데 사내에 우수 성과자에 관한 데이터가 제대로 없어요. 사내 우수 성과자의 특징이나 말투, 표정이나 가치관 같은 데이터가 정량화되어 있어야 합니다. 그래야 이런 사람과 비슷한 지원자를 뽑을 수 있겠죠.
여기서 중요한 것이 있는데요. 지원자 중에서 합격한 사람의 데이터만 쌓으면 안 됩니다. 탈락한 지원자의 특징도 데이터로 쌓아야 합니다. 그래야 둘을 비교하면서 실제로 그 특징이 성과에 영향을 미치는지를 확인할 수 있습니다.

결국 사내에서 데이터를 제대로 쌓아야 인공지능 채용 시스템이
효과적으로 작동하겠네요?

이건 번외인데요. 혹시 퇴사자 예측도 가능한가요?

사실 모든 팀장의 두려움 중 하나가 퇴사자예요.
멀쩡히 회사 잘 다니던 팀원이 어느 날 갑자기 와서
"팀장님, 상의드릴 게 있습니다"라고 하면 마음이 덜컥 내려앉죠.

하하하. 모든 팀장 그리고 모든 관리자가 두려워하는 부분이죠. 예전
에 실제로 이에 대해서 데이터 분석을 한 사례가 있어요. 평소 지각을
자주 하는 직원, 출근 시간에 딱 맞춰 출근하는 직원, 일찍 출근하는
직원이 있어요. 어떤 유형이 퇴사할 확률이 높을까요? 맞춰보세요.

아무래도 평소 지각 자주 하는 팀원이 퇴사하지 않나요?

연구 결과, 평소 지각을 자주 하는 것과 퇴사율에는 유의미한 관계가
없었어요. 그런데 근태 시간이 갑자기 바뀌는 경우에는 퇴사할 확률
이 높아져요. 즉 평소에 일찍 출근하던 팀원이 어느 때부턴가 늦게 출
근하면 곧 퇴사할 가능성이 높다는 거죠.

그러고 보니 갑자기 행동이 바뀐 팀원이 얼마 안 돼서 퇴사하더라고요.

그런 걸 모두 데이터로 만들면 좋겠지만, 사실 현실적으로 알 수 있는

데이터는 많지 않아요. 근데 시간 정도죠. 그러니 인공지능 채용 시스템이 있어도 사내에 데이터가 없어서 분석과 활용에 한계가 있습니다.

결국 양질의 데이터를 얼마나 쌓느냐가 모든 데이터 분석과 인공지능 활용의 성공을 좌우하는 요인이군요. 저도 지금부터 데이터 쌓는 일을 시작해야겠습니다.

세 줄 정리

- 인공지능 채용 시스템의 장점은 인사팀의 수작업을 자동화하고, 채용 비리를 없애는 데 있다.

- 인공지능 채용 시스템은 현재 서류 전형에서 텍스트 분석으로 회사나 부서의 인재상에 적합한 지원자를 찾는 데 유용하게 활용된다.

- 인공지능 채용 시스템이 효과를 내려면 사내에 충분하고 일관성 있는 성과자 데이터를 쌓아야 한다.

그룹 데이터 혁신 담당 임원으로 승진하다

어느 날 김 팀장은 전화 한 통을 받았다. 그룹 인사실장인 최 부사장이었다.

"안녕하세요. 김 팀장. 잘 지내셨죠? 지난번에 소셜 네트워크 분석과 부서장 교육을 김 팀장이 도와줘서 우리 그룹의 조직문화 혁신이 아주 잘되고 있어요."

"네, 실장님. 제가 할 일이 있으면 언제든 알려주십시오."

"네, 안 그래도 김 팀장이 또 필요해서 전화했어요. 그런데 이번에는 개별 업무가 아니라 좀 다른 걸 부탁하려고 합니다. 지난번에 회장님께서 데이터 분석으로 조직문화를 혁신하는 것을 아주

인상적으로 보셨어요. 그래서 그룹에서 데이터로 혁신을 이끌 부서를 회장 직속으로 만들려고 합니다. 그래서 김 팀장이 이 부서를 맡아주면 좋겠어요."

"네? 제, 제가요? 그룹 데이터 혁신을요?"

"네, 그리고 일단 그룹에서 일해야 하고 회장님과도 대화해야 하니까 직급을 올려야겠죠. 일단 상무로 올려드릴게요. 축하합니다. 하하하."

"사, 사, 상무요?"

김 팀장은 뒤로 고꾸라질 뻔했다.

"아무튼 우리가 이제는 데이터로 의사결정을 해야 해요. 그러려면 아래에서부터 데이터를 기반으로 보고해야 하죠. 단순히 감이나 노하우나 경험이 아니라, 데이터로 근거를 대고 주장할 수 있도록 해야 합니다. 상급자는 그냥 막무가내로 일을 시킬 것이 아니라 데이터를 보고 일을 명확히 지시할 수 있어야 하고요. 즉 데이터로 보고하고 데이터로 의사결정하고 데이터로 지시하는 그런 문화를 만들고 싶어요. 이 일을 김 팀장이 잘 주도해주세요. 자세한 얘기는… 회장님한테 승진 인사도 해야 하니 다음 주에 그룹 본사로 오세요. 그럼 다음 주에 뵙죠."

"아, 네… 감사합니다."

김 팀장은 이제 그룹 임원이 되어서 그룹 전체에 데이터로 보고

하고 데이터로 결정하고 데이터로 지시하는 문화를 확산시키는 막중한 임무를 맡았다. 김 팀장은 어깨가 무거웠지만 할 일이 넘쳐나는 것을 느낄 수 있었다. 김 팀장은 바로 황보 교수에게 전화했다.

"황보 교수, 황보 교수 덕에 나 별 달아요. 다음 주부터 그룹 상무가 되어서 그룹의 데이터 혁신 문화를 주도합니다."

"오, 축하합니다. 살다 보니 이런 날도 있군요. 크게 한턱 쏘세요. 하하하."

"당연하죠. 제가 아주 한우로다가 쏘겠습니다. 하하하. 아 그런데, 부탁이 있어요. 앞으로는 일이 많아지니까 자문회의를 만들려고 합니다. 데이터 혁신 자문회의요. 황보 교수가 우리 그룹 공식 자문회의 위원장을 맡아주세요. 제가 위촉하겠습니다."

"저야 영광이죠. 고맙습니다."

그날 저녁 두 사람은 한우 안주에 술을 마시며 앞으로 벌어질 많은 일에 대해 밤새 대화를 나눴다. 그리고 새로운 아침이 밝았다.

EPILOGUE